Eckhardt Mahl

Faß mich nicht an!

Eckhardt Mahl

Faß mich nicht an!

Richtig reagieren im Ernstfall:
Wie Frauen sich gegen Belästigungen
und Angriffe wehren können

mvg verlag

CIP-Titelaufnahme der Deutschen Bibliothek

Mahl, Eckhardt:
Fass mich nicht an ! : richtig reagieren im Ernstfall: wie
Frauen sich gegen Belästigungen und Angriffe wehren können /
Eckhardt Mahl. – München : mvg-Verl., 1991
(mvg-Paperbacks ; 440)
ISBN 3-478-08440-7
NE: GT

Umschlaggestaltung: Gruber & König, Augsburg
Satz: Fotosatz Buck, 8300 Kumhausen
Druck- und Bindearbeiten: Presse-Druck Augsburg
Printed in Germany 080 440/291802
ISBN 3-478-08440-7

Inhalt

Geleitwort

Ein Mann – Polizeibeamter – rät Frauen, sich zu wehren? Er will aufzeigen, daß Frauen sinnvolle Verhaltensweisen für Konfliktsituationen „erlernen" können, will betroffenen Frauen nach einer sexuellen Gewalttat Hilfestellung geben, wieder zu sich selbst zu finden?

Spontan denkt frau an Überheblichkeit und Chauvinismus. Wie kann ausgerechnet ein Mann es „wagen", sich mit dieser absolut weiblichen Problematik auseinanderzusetzen, mit der wir Frauen schon Schwierigkeiten genug haben?

Doch genau an diesem Punkt wird eine generelle Ablehnung männlicher Hilfestellung fragwürdig.

Gerade Männer haben eine besondere Verantwortung dafür, sexuelle Gewalt zu stoppen, da sie diejenigen sind, die sie ausüben.

Wir Frauen sollten versuchen, selbstverständlicher mit Hilfsangeboten umzugehen und unter Mithilfe der Männer das Schweigen über sexuelle Gewalt brechen, um damit den Widerstand aller Frauen zu stärken.

Der Autor leistet im vorliegenden Buch einen wertvollen Beitrag dazu.

Ute Bogucki

(Dipl.-Sozialwissenschaftlerin)
Leiterin der Familienbildungsstätte
der Stadt Bochum

Vorwort

Liebe Leserin,

Sie sind bereit, ein Buch zu lesen, das ein erschreckendes Problem anpackt. Wie kann man sich als Frau auf das zunehmend wachsende Risiko vorbereiten, Opfer einer Gewalttat zu werden? Warum jede Frau gefährdet ist, und was Sie als Frau dagegen tun können, ist Thema dieses Buches.

In dieses Buch flossen meine umfangreichen Erfahrungen aus dem praktischen Polizeidienst, aus meiner Ausbildertätigkeit in der Selbstverteidigung und vor allem aus meiner Tätigkeit als Leiter von Selbstverteidigungskursen für Frauen ein. Aus dieser zehnjährigen Kurstätigkeit mit Frauen zeigt sich, wie wichtig es für Frauen ist, Hilfen für die eigene Sicherheit zu erhalten.

Darum soll dieses Buch nicht nur praktische, anwendbare Verhaltensweisen in Konfliktsituationen aufzeigen, sondern auch Möglichkeiten zur Steigerung des Selbstvertrauens und der Selbstsicherheit bieten.

Sehr oft höre ich die Fragen: Wie gehe ich mit meiner Angst um? Muß ich richtig Karate oder Judo lernen, einem Verein beitreten oder reicht ein zehnwöchiger Selbstverteidigungskurs aus? Auf all diese Fragen möchte ich in „Faß mich nicht an!“ eine Antwort geben.

Es wurde bewußt auf statistisches Zahlenmaterial verzichtet, da Zahlen meines Erachtens nur verunsichern und wenig Aussagekraft haben. Denn die Zahl der Gewalttaten beziehungsweise Straftaten gegen die sexuelle Selbstbestimmung gibt nur die bekanntgewordenen Fälle wieder. Die Dunkelziffer in diesem Bereich ist um ein vielfaches höher, denn viele Vergewaltigungen geschehen im Bekannten- oder Verwandtenkreis. Die Tat wird – egal, ob aus Angst, Scham oder anderen Gründen – verschwiegen.

Doch dieses Schweigen muß ein Ende haben! Dieses Buch möchte Frauen dazu ermutigen, sich ihrer eigenen Sicherheit und ihrem Recht auf freie sexuelle Selbstbestimmung wegen, mit Gewalt gegen Frauen auseinanderzusetzen. Sie müssen ihr nicht hilflos ausgeliefert sein! Wehren Sie sich! Dieses Buch zeigt Ihnen wie.

Eckhardt Mahl

1. Grundgedanken zur Selbstverteidigung

Die Geschichte der Selbstverteidigung ist im Prinzip so alt wie die Geschichte der Menschheit selbst. Sie hat sich aus der uralten Problematik und Erfahrung entwickelt, was denn geschieht – oder besser, was geschehen kann – wenn ein physisch Schwächerer von einem Stärkeren angegriffen wird, wenn ein Unbewaffneter von einem Bewaffneten attackiert wird oder wenn im Extremfall gar ein schwacher Unbewaffneter von einem Bewaffneten bedroht wird.

Die zentrale Ausgangsfrage lautet hier immer: Welche Chancen hat der scheinbar hoffnungslos Unterlegene? Intelligenz im Nachgeben, Ausweichen, Flüchten, körperliche Wendigkeit und schnelle Reaktion, Kommunikation, bewußtes aggressives nonverbales Verhalten (Körpersprache), die Fähigkeit, eine Blöße oder Schwäche des Angreifers zu erkennen und zu seinem Vorteil auszunutzen und die Hemmschwelle zu überwinden, den Angreifer zu verletzen, um sich so eventuell zu schützen: Dies alles kann der Ungeschützte und Schwächere dem Starken beziehungsweise Bewaffneten entgegenhalten.

Die Angst vor physischer Aggression spielt eine zentrale Rolle im Leben fast jedes Menschen. Körperlichen und als Folge seelischen Angriffen mehr oder weniger hilflos ausgesetzt zu sein, kann das gesamte psychische Gleichgewicht schwer beeinträchtigen. Viele Menschen leben deshalb in ständiger Angst vor Aggressionen.

Eine absolute Sicherheit durch Selbstverteidigung gibt es nicht, da jeder Angriff verschiedenartig abläuft und dem

Angegriffenen oft nur eine kleine Chance läßt. Doch diese Chance *kann* und *sollte* man nutzen; jeder sollte sich für diese Problematik sensibilisieren, um somit in einer Konfliktsituation eine größere Handlungskompetenz zu erlangen.

Es kann jede treffen

Es kann Ihnen passieren. Es kann Ihnen tatsächlich passieren! Und das Beste ist, daß Sie sich vorstellen, daß es Ihnen passiert. Dann sind Sie vorbereitet und reagieren richtig, wenn es passiert. Wer kann Sie angreifen? Es kann der Mann sein, der in Ihr Auto springt (Parkhaus, Garage, Straße) und Sie zwingt, an einen einsamen Ort zu fahren. Es kann der Griff nach der Handtasche auf der Straße oder im Kaufhaus sein, es kann der Handwerker in Ihrer Wohnung sein, der Sie plötzlich bedrängt, es kann der Nachbar im Haus sein, der Vertreter, Bekannte oder Verwandte. Es kann der Fremde in der Straßenbahn oder im Zug sein, es kann der Kollege im Büro sein.

Oft sind es, jede Frau kennt sie, diese zufälligen Berührungen. Jemand hakt sich „vertrauensvoll" ein, legt seinen Arm um Ihre Schulter oder versucht während einer Feier im alkoholisierten Zustand Sie zu küssen – Situationen, die Sie als sehr unangenehm beziehungsweise belästigend empfinden.

Sicherlich verblüfft die Tatsache, daß in etwa zwei Dritteln aller Fälle von versuchter oder vollzogener Vergewaltigung die Opfer ihre Täter bereits kannten.

Ich glaube, wer als Frau über ein Maß an Sensibilität für den eigenen Körper und die eigene Psyche verfügt, der ist auch in der Lage, dieses Gefühl der Sensibilität gegenüber seiner Umwelt und seinen Mitmenschen aufzubauen. Die Intimsphäre verlangt nach gebührendem Schutz. Ein höflicher, positiver Abstand gegenüber seinen Mitmenschen ist ein erster realer Schritt zum aktiven Selbstschutz.

Schock nach Sextat

Versuchte Notzucht – Opfer 17 Jahre

(M) Brutaler Überfall auf ein 17 Jahre altes Mädchen, das immer noch unter Schock steht! Am Sonntagabend, gegen 22.10 Uhr, ging die Jugendliche über den Fußweg zwischen dem Sportplatz an der [redacted]-Straße und der [redacted]-straße. Plötzlich wurde sie von einem unbekannten Mann angesprungen. Er versuchte bei dem Gerangel, sie zu Boden zu reißen [redacted] und zu vergewaltigen.

Das Mädchen leiste erbitterten Widerstand und konnte sich schließlich losreißen und davonlaufen. Was aus dem Täter geworden ist, vermag sie nicht zu sagen. In panischer Angst versuchte sie nur, dem Täter zu entkommen. Aus diesem Grund vermag sie auch keine brauchbare Personenbeschreibung zu geben und Alter oder Kleidung anzugeben. Sie hat nur die Erinnerung, daß der Mann „einen ungepflegten Eindruck“ gemacht habe. Die Polizei sucht dringend Zeugen zu dem Überfall. Angaben unter ☎ [redacted].

Brutal Frau vergewaltigt

● (sog) Einer brutalen Vergewaltigung fiel am Donnerstag kurz vor Mitternacht eine junge Frau zum Opfer. Als sie an der [redacted]straße in ihr Auto einsteigen wollte, wurde sie von drei Männern überfallen, die die Frau zwangen, mit ihnen nach [redacted] zu fahren. An einer einsamen Stelle mußte die 24jährige anhalten. – Später, von der Esso-Tankstelle [redacted] konnte sie schließlich die Polizei anrufen. Die unter Schock stehende Frau beschreibt die Täter als 20jährige Skinheads oder Punker.

Westdeutsche Allgemeine Zeitung

Frau in das Gebüsch gezerrt

Täter das Gesicht zerkratzt – Frau entkommt in Auto

(M) An der heftigen Gegenwehr einer 26 Jahre alten Frau scheiterte am Donnerstagabend, gegen 22 Uhr, ein Vergewaltigungsversuch. An der [redacted] Straße in Höhe des Bahnhofs [redacted] hatte sich der Täter von hinten an die Frau herangemacht, sie plötzlich an den Armen gepackt und in ein angrenzendes Gebüsch an der dortigen Böschung gezerrt. Dort drückte er sie zu Boden und ließ erst einen Augenblick von ihr ab, als sie ihm mit den Fingernägeln das Gezicht verkratzte. Diesen Moment nutzte die Frau und flüchtete auf die Fahrbahn der [redacted] Straße.

Eine zufällig vorbeikommende PKW-Fahrerin hielt an und nahm die Frau in ihren Wagen auf.

Beide verfolgten nun den zu Fuß flüchtenden Täter, verloren ihn jedoch in Höhe der [redacted]straße aus den Augen.

Der Täter ist etwa 30 bis 35 Jahre alt, 1.80 m groß, schlank, hat einen dunkelbraunen Haarkranz (Glatze) und einen Schnurrbart.

Er trug Jeans und eine parkaähnliche Jacke.

Westdeutsche Allgemeine Zeitung

England: Frauen-Prüglern geht es jetzt an den Kragen

Innenministerium erläßt neue Richtlinien für die Polizei

Von KLAUS KÄMPGEN **waz LONDON**

Den Frauen-Prüglern in Großbritannien soll es an den Kragen gehen. Ein Mann, der Gewalt gegenüber seiner Frau oder seiner Freundin anwendet, soll das gleiche Risiko laufen, festgenommen und vor Gericht gestellt zu werden, als wenn er einen Fremden angegriffen hätte. Entsprechende Richtlinien für die örtlichen Polizeichefs hat John Patten, Staatsminister im Innenministerium, erlassen. Erfahrungen anderer Länder zeigten, daß ein oder zwei Nächte in der Polizeizelle heilsame Wirkung hätten, auch wenn keine Anzeige erstattet werde.

„In den meisten Fällen geht Gewalt gegen Frauen von Personen aus, die ihnen eng verbunden sind", erklärte der Minister. „Dabei bin ich entschieden der Ansicht, daß sich die häusliche Gewalt von sonstiger Gewalt nicht unterscheidet. Eine Straftat ist und bleibt eine Straftat."

Gewalt in ihren verschiedenen Ausprägungen stellt ein wachsendes Problem in der britischen Gesellschaft dar. Die „Fußball-Gewalt" ist in ganze Europa bekannt. Die Klagen über Gewaltausübung in den Schulen nehmen ebenfalls zu. Die Zerstörung von öffentlichen Einrichtungen ist eine täglich festzustellende Erscheinung.

Demgegenüber gehört die häusliche Gewalt zu den „versteckten Straftaten", über die nur Dunkelziffern vorliegen. Immerhin liegt statistisch fest, daß fast die Hälfte der Frauen, die durch Gewalt starben, vom Mann oder Liebhaber umgebracht wurden.

Bisher schalteten sich Polizeibeamte, die wegen eines häuslichen Streits gerufen wurden, nur schlichtend ein. Jüngsten Untersuchungen zufolge ist das aber nicht die beste Art des Vorgehens. Die Opfer wollen eigentlich, daß dem Gesetz Respekt verschafft wird.

„Wir wissen durch Untersuchungen, daß eine Festnahme der Gewalttäter die beste Lösung ist: Die meisten Leute wiederholen dann ihre Angriffe nicht." Das stellte Peter Waddington fest, früher Polizeibeamter und heute Direktor des Instituts für strafrechtliche Studien an der Universität Reading.

Westdeutsche Allgemeine Zeitung

Tatort: Die eigenen vier Wände

Viele Vergewaltigungsdelikte ereignen sich im sogenannten Dunkelfeld, daß heißt, daß diese Delikte gar nicht erst zur Anzeige kommen. Dazu muß man wissen, daß außerdem nur einige Fälle der bekanntgewordenen Delikte zur Verurteilung kommen, daß also auf dem Weg zum Gerichtsurteil auch noch eine gewisse Anzahl Straftaten „verlorengeht".

In der Öffentlichkeit entsteht aufgrund der Berichterstattung durch die Presse häufig ein falsches Bild. Viele glauben, sexuelle Gewalt fände vorwiegend durch einen fremden Täter statt, der eine Frau nachts im Park überfällt. Doch dieses Bild stimmt nicht mit der Realität überein. Aufgrund der polizeilichen Ermittlungs- und Forschungsarbeit weiß man, daß bei über 70 Prozent der ver-

urteilten Fälle der Tatort entweder die Wohnung des Opfers oder aber die des Täters ist.

Gewalt ist ein gesellschaftliches Phänomen, das uns alle betrifft. Ich möchte deshalb im folgenden Kapitel zunächst auf Aggression und ihre Ursachen eingehen, um dann zu sehen, wie das Verhältnis Mann/Frau durch das Selbstverständnis der beiden Geschlechter geprägt wird.

2. Aggression und Widerstand

Der Begriff Aggression soll hier zunächst einmal im umgangssprachlichen Sinne als tatsächlicher (körperlicher) oder verbaler Angriff auf Personen oder Sachen definiert werden.

Aggressivität wird in diesem Zusammenhang als der dazugehörige seelische Zustand definiert, das heißt als innere Bereitschaft zur aggressiven Handlung.

Jeder, der sich mit Selbstverteidigung im weitesten Sinne auseinandersetzt, sich körperlich und/oder geistig auf die Abwehr gegen ihn selbst gerichteter Aggressionen vorbereitet, sollte sich kritisch mit jenem Phänomen auseinandersetzen, gegen das er sich schützen will. In diesem Zusammenhang muß er auch selbstkritisch prüfen, ob und inwieweit nicht sein eigener Wunsch, einen Selbstverteidigungskurs zu belegen, dem unbewußten Drang nach dem Ausleben von Aggressionen entspringt. Wer potentiell gefährliche Kampftechniken erlernt, muß sich auch mit dieser „dunklen“ Seite seiner Persönlichkeit auseinandersetzen.

Im Selbstverteidigungsfall unterliegen die Aggression beziehungsweise die Aggressivität natürlich einem anderen Aspekt, haben eine andere Wertigkeit und müssen von Fall zu Fall als sinnvoll und (über-)lebensnotwendig erachtet werden.

Gibt es einen möglichen Zusammenhang zwischen gesellschaftlichen Rahmenbedingungen und aggressivem Verhalten und Handeln?

Wenn man nun vom faktischen Bestehen eines solchen unmittelbaren Zusammenhangs ausgehen kann, so muß man natürlich erwähnen, daß es auch Theorien gibt, die einen Ursache-Wirkungszusammenhang von gesellschaftlichen Rahmenbedingungen und Aggression bestreiten.

Erwähnenswert sind in diesem Zusammenhang die Ergebnisse der Yale-Schule, die von der entscheidenden Bedeutung einer „Frustrations-Aggressions-Hypothese" ausgehen, die im Zusammenhang zu gesellschaftlichen Rahmenbedingungen gesehen werden muß.

Dabei wird vereinfacht von folgendem ausgegangen: Die gegenwärtigen großen Industriestaaten der westlichen Welt sind als Gesellschaften im Überfluß zu beschreiben. Die Industrie orientiert sich an ständig steigenden Umsatzzahlen, wobei durch gezielte Werbung Bedürfnisse geweckt werden müssen, um so für ständig gewinnbringenden Absatz zu sorgen. Kennzeichen dieser Überflußgesellschaft sind außerdem:

- Planmäßiger Verschleiß von Verbrauchsgütern, Wecken von Bedürfnissen.
- Steigender Lebensstandard, an dem auch bisher unterprivilegierte Schichten teilhaben. Dazu kommt eine allgemeine Steigerung der Sozialleistungen, wodurch auch die „Arbeitenden" ein gewisses Interesse am ständigen industriellen Wachstum entwickeln.

- Konzentration von wirtschaftlicher Macht in Monopolen, Konzernen und Kartellen.
- Wissenschaftliche und pseudowissenschaftliche Erforschung und Manipulation des Verhaltens von Individuen und Gruppen (unter anderem durch Werbung).

Unter diesen Bedingungen jedoch kommt es zu extremen Spannungen. Auf der einen Seite werden durch Überfluß und entsprechende Werbung unzählige (oft unsinnige) Bedürfnisse geweckt, die auf der anderen Seite jedoch nicht bei allen Menschen befriedigt werden können. Oder anders gesagt: Es wird ein rein konsumorientiertes Denken gefördert, das auf der anderen Seite jedoch nicht in konsequente Konsumbefriedigung umgesetzt werden kann, und zwar, weil der technische Fortschritt nicht konsequent zur Verringerung des Daseinskampfes, sondern vielmehr zur Profitsteigerung in der Produktionssphäre ausgeschöpft wird. Entscheidend ist nun die These, daß dieser Zustand bei den Betroffenen in höchstem Maße Frustrationen erzeugt. In diesem Sinne ist der Begriff Frustration als eine Art von innerer Wut über das Nichterreichen bestimmter Ziele zu interpretieren, also die Wut darüber, eine bestimmte angestrebte Befriedigung nicht erzielen zu können, und das auf den verschiedensten Sektoren.

Die entscheidende Annahme besteht nun darin, daß diese Frustration, die in gewisser Weise auch Lebensangst und seelischen Schmerz bedeutet, ganz zwangsläufig in Aggression umschlägt, und zwar in Aggression gegen andere oder gegen sich selbst. Die Frustration, keine annehmbare Wohnung zu annehmbarem Preis zu haben, während man gleichzeitig nebenan Villenviertel bestaunen kann, schlägt dementsprechend in Aggression um; die Frustration, einen unbefriedigenden oder gar keinen Arbeitsplatz zu haben, schlägt in Aggression um, wenn man gleichzeitig beobachten kann, wie an anderer Stelle auf leichte Weise viel Geld verdient wird. Die Frustration, sexuell nicht all das machen zu können, was einem im Rahmen der Pornographiewelle vorgegaukelt wird, kann zum Auslöser für eine Gewalttat werden.

Anzumerken ist, daß dieser bedeutungsvolle Zusammenhang von der sogenannten Yale-Schule in neueren Schriften in gewisser Weise korrigiert wurde. Mit anderen Worten: Frustration muß nicht notwendig zu Aggression (also konkreter Handlung) führen, erzeugt aber zumindest Aggressivität (also die innere Bereitschaft zur Aggression). Wie dem auch sei, bei der Frustration handelt es sich sicherlich insgesamt um einen Faktor, der bei einer kritischen Betrachtung gesellschaftlicher Rahmenbedingungen und aggressionsbegünstigender Umstände berücksichtigt werden muß.

Wo nun ein gesellschaftlicher Zustand schon an sich bedenklich ist, da er Wünsche produziert und gleichzeitig einkalkuliert, daß dies für viele zwangsläufig Verzicht mit der gleichzeitigen Gefahr von Frustration und Aggression bedeuten muß, da wird dieser Zustand um so bedenklicher, wenn man gleichzeitig berücksichtigt, daß gewisse Aggressionsmuster sogar offiziell geduldet werden. Das trifft zum Beispiel im wirtschaftlichen Bereich zu, in dem der sogenannte Verdrängungswettbewerb (und auch dies ist im eigentlichen Sinne ein aggressives Verhaltensmuster) hingenommen oder sogar begrüßt wird.

Vollends widersprüchlich wird die Situation jedoch, wenn man ferner berücksichtigt, daß unsere Gesellschaft auf der einen Seite vorgibt, Aggression und Kriminalität wirkungsvoll bekämpfen zu wollen, andererseits aber duldet, daß eben diese Verhaltensmuster in Schrift, Film, Fernsehen und auf Video ständig plastisch vorgeführt und manchmal gar glorifiziert werden.

Die Frage, ob die Darstellung von Gewalt im Fernsehen eine Zunahme der Gewalt im Alltag bewirke, beschäftigt seit der Einführung dieses Mediums die Wissenschaft. In vielen Fernsehsendungen, vor allem im Unterhaltungsprogramm der frühen Abendstunden (das sich um die Werbesendungen gruppiert), wird gewalttätiges Handeln verschiedenster Art gezeigt. Dieses Muster setzt sich dann bis hin zu den sogenannten erotischen Sendungen um Mitternacht fort.

Aufgrund des heutigen Standes der Forschung steht fest, daß Kinder und Jugendliche diese und ähnliche Eindrücke auf ihr eigenes Handeln übertragen. Auch wenn das Fernsehen nicht zwangsläufig als die primäre Ursache von Aggression und Kriminalität gesehen werden darf, läßt sich andererseits wohl die Annahme aufrechterhalten, daß die Wirkung dieses Mediums in der Vermittlung allgemeiner Muster der sozialen Wahrnehmung, des Urteilens und des Handelns zu sehen ist.

Es gibt sicher viele Gründe, die dazu beitragen, daß Gewalt so häufig und so intensiv im Fernsehen dargestellt wird. Darum drückt die Diskussion über Gewalt in den Medien nicht nur die Sorge um die Wirkung auf die Menschen aus, sondern ein allgemeines Unbehagen, aus dem heraus das Medium insgesamt als „gewalttätig“ empfunden wird. Man spürt, daß es einen nachhaltigen Einfluß auf das Leben in der Familie und in anderen Lebensbereichen ausübt. Das Phänomen Fernsehen ist, so hat es den

Anschein, sozial nicht unter Kontrolle gebracht, sozial noch nicht bewältigt. Der Faszination über die technologischen Möglichkeiten müßte darum eine Sozialpolitik des medialen Wachstums folgen. Sie erst wird den Rahmen schaffen, in dem das ernste Problem der Wirkung von Gewaltdarstellungen mit einer Aussicht auf Erfolg angepackt wird.

Denn es steht mittlerweile fest, daß das ständige Betrachten von Aggressivität in ein Verhaltensmuster übertragen wird, das Aggressivität zumindest billigt oder dann sogar – im schlimmsten Falle – zum Maßstab eigener Handlungen macht. Doch nicht nur die Billigung von Aggressivität und Aggression ist die Konsequenz; Aggression wird vielmehr durch ständiges Betrachten „normal“. Kurt Lüscher unterstreicht diesen Tatbestand unter Bezugnahme auf Forschungsergebnisse von Kellner und Horn, die experimentell folgendes Fazit erbrachten: Kinder befanden sich im selben Raum mit einem Erwachsenen. Sie konnten beobachten, wie er eine Puppe schlug und trat. Wurde den Kindern anschließend Gelegenheit geboten, mit einer gleichen Puppe zu spielen, so taten sie dies in einer sehr viel aggressiveren Weise als andere Kinder, die einer Person zugeschaut hatten, die friedlich mit der Puppe spielte.

Ein ähnliches Verhalten wird man bei Jugendlichen und zum Teil auch bei Erwachsenen feststellen; hier ist die Wirkung direkter beziehungsweise indirekter Nachahmung oft erschreckend deutlich zu sehen.

Verhaltenswissenschaftler wie Konrad Lorenz stellten die These auf, die Aggressivität des Menschen sei natürlich, triebhaft, eine „vererbte Konstante“. Doch diese These ist fragwürdig, da empirisch ungesichert und praktisch wenig ergiebig, sagen seine Kritiker. Noch gäbe es keinen gesicherten Aufschluß darüber, was denn der Aggressionstrieb wirklich sei, wo er „sitze“, welchen Bedingungen er unterliege. Die Frage nach den Bedingungen für die Entstehung von Aggressivität muß der zentrale Ansatz einer Aggressionstheorie sein.

Lassen Sie mich am Schluß dieser theoretischen Erörterung des Begriffs Aggression einige gebräuchliche Aggressionstheorien aus der Psychologie aufzeigen.

1. Triebtheorien

Diese Überlegungen zum Thema Aggression gehen von der Annahme eines sogenannten Aggressionstriebes aus. Das „Bedürfnis“ nach Aggression tritt dementsprechend genauso spontan auf wie etwa das Bedürfnis „Durst“ oder „Hunger“. Freud, als bekannter Vertreter dieser Theorie, vertrat dabei die Ansicht, Aggressivität sei zunächst einmal ein normaler Bestandteil des Sexualtriebes. Erst wenn sich die Aggressivität sozusagen in negativer Weise verselbständige, verwandle sie sich zu destruktiver Aggressivität, also zu Gewalttätigkeit und Sadismus.

Neben der „klassischen“ Psychologie operieren auch Vertreter der „klassischen“ Verhaltensphysiologie mit einer Theorie des Aggressionstriebes. Wie bereits erwähnt, gehen diese Exponenten von dem Vorhandensein eines Aggressionstriebes aus, der ganz zwangsläufig (und zwar bei jedem Menschen) zu einer Art periodischer Trieberfüllung drängt.

Theorieansätze dieser Art, die Aggression sozusagen als naturvorgegebene Sache anzusehen, wurden allerdings heftig kritisiert. Insbesondere jene Theoretiker, die Aggression als gesellschaftlich bedingtes Phänomen begreifen, sehen hierin eine höchst unzulässige und bequeme Verharmlosung des eigentlichen Zusammenhangs.

2. Lerntheorien der Aggression

Im Rahmen dieser Theorien wird Aggression als eine „erlernte" Verhaltensweise interpretiert. Scheinbar spontan auftretende Aggressionen sind demnach nicht Ausdruck eines Triebes, sondern stellen ein Verhaltensmuster dar, das irgendwann einmal zum Erreichen eines bestimmten Zweckes erlernt wurde. Aggressives Verhalten ist in diesem Sinne also ein (negatives) Produkt von Erziehung und sozialem Lernen.

Interessant ist bei manchen Theorien auch der Zusammenhang von Erfolg und wiederholtem aggressivem Verhalten: Da Aggression aus diesem Vorverständnis heraus ein zweckorientiertes, erlerntes Verhaltensmuster ist, wird sie wiederholt, wenn sie schon des öfteren zum Erreichen des Ziels geführt hat. Je öfter dieser Erfolg bestätigt wird, desto mehr festigt sich das aggressive Handlungsschema zum „Erfolgsprogramm".

Einleuchtend ist sicher auch, daß gerade im Rahmen dieses Theorienansatzes die „Verherrlichung" aggressiven Verhaltens in Literatur, Funk und Fernsehen besonders kritisch beurteilt wird; genau hier nämlich wird im Sinne dieser Theorie „erlernt", wie aggressives Verhalten in bestimmten Situationen auszusehen hat und wie es zum Erfolg führen kann. In diesem Sinne wird es später in der Realität nachgeahmt.

3. *„Frustrations-Aggressions-Hypothese"*

Dieser Theorieansatz wurde bereits weitgehend in den Überlegungen über die Notwendigkeit gesellschaftskritischer Betrachtungen dargestellt. So sei hier lediglich noch einmal auf die Kernüberlegung dieses Theorieansatzes hingewiesen. Diese Überlegung lautet: Immer dann, wenn lustsuchendes oder schmerzmeidendes Verhalten gehemmt wird, tritt Frustration ein, und diese manifestiert sich letzten Endes in Aggression gegen die tatsächlichen oder vermeintlichen Ursachen, Personen oder Gegenstände dieses Frustrationserlebnisses. Ausgangspunkt solcher Frustrationen und darauffolgender Aggressionen sind jedoch primär die gesellschaftlichen Normen.

4. *Verhaltenstheorie*

Außer den genannten drei Theorieansätzen möchte ich noch die Verhaltenstheorie der Aggression erwähnen.

Die sogenannte „biologische Anthropologie" (Menschenkunde) versucht, das Aggressions-Phänomen noch differenzierter zu deuten. Hier wird von drei Voraussetzungen ausgegangen:

1. Der Mensch ist zum einen im zentralnervösen Bereich prinzipiell nicht vom Tier zu unterscheiden, er handelt also auch immer tierisch-instinktiv (Anlehnung an die Triebtheorie).

2. Der Mensch ist zum anderen aber auch ein Kulturwesen. Je nach Ausprägung des kulturellen Umfeldes kann hierdurch das tierisch-instinktive Verhaltensmuster in-

tensiviert oder aber auch unterdrückt werden (Anlehnung an die gesellschaftsorientierte Theorie).

3. Zudem ist der Mensch ein Wesen, das lernt (hier Anlehnung an die Lerntheorie), womit aggressives Verhalten, das mit „Belohnung und Erfolg" praktiziert wird, immer wieder als Mittel zur Problembewältigung aktiviert wird. Mit anderen Worten: Aggressivität bekommt sozusagen eine lern- und erfolgsbedingte „Tradition".

Da sich zum gegenwärtigen Zeitpunkt keinerlei Konsensbereitschaft der Vertreter dieser angedeuteten Theorieansätze feststellen läßt, sollte meines Erachtens die verhaltenstheoretische Deutung in den Mittelpunkt gerückt werden, da sie das Phänomen „Aggression" im eigentlichen Sinne als komplexen Zusammenhang interpretiert. Trieb, gesellschaftliches Umfeld und Tradition (Lernen) aggressiver Verhaltensmuster werden hier gleichermaßen als in Frage kommende Faktoren betrachtet und gesehen.

Aggression und Aggressivität, vor denen man sich ganz konkret schützen will, werden sicherlich in einem wesentlichen Bestandteil durch gesellschaftliche Faktoren mitbeeinflußt. Sicherlich muß man sich darüber klarwerden, daß auch die eigenen Einstellungs- und Verhaltensmuster durch diesen Faktor mitgeprägt werden. Dabei spielen die Massenmedien eine fatal-bedeutungsvolle Rolle. Nicht zuletzt aber sollten Sie begreifen, daß es nicht allein genügt, sich gegen körperliche Aggressionen im Rahmen von Selbstverteidigungstechniken zu wappnen, sondern daß es nach wie vor darauf ankommt, sich dort zu engagieren, wo es gilt, den gesellschaftlichen Ursachen von Aggressivität und Aggression wirkungsvoll entgegenzutreten.

Was bleibt nun zu tun? Wie kann man einem Angriff wirksam begegnen oder Aggressionshemmungen fördern? Die Sozialisationsforschung bietet hierzu eine Reihe nützlicher Hinweise. Sie macht nicht nur das Wirken von Aggressionshemmungen deutlich, sondern ist so etwas wie ein Gewissen für den zwischenmenschlichen Umgang überhaupt.

Die folgenden Aspekte werden in der Literatur zu Aggressionshemmungen, zu internen Normen allgemein oder zu prosozialem Verhalten häufig genannt. Sie sind die Voraussetzungen für ein friedliches Miteinander:

1. Eine akzeptierende und liebevolle Grundhaltung: Vermutlich ist ein warmes emotionales Klima eine wichtige Voraussetzung für die Wirksamkeit aller anderen Faktoren.

2. Emotionale Erziehungsreaktionen wie Lob und Zuwendung einerseits und Ausdruck von Enttäuschung, Mißbilligung, vorübergehende Abwendung oder ähnliches andererseits (dagegen wenig Gebrauch von machtorientierten Maßnahmen).

3. Erläutern und Diskutieren von Verhaltensregeln sowie argumentierende Konfliktbewältigung.

4. Anleitung zur Einfühlung in andere Menschen. Das Sich-hinein-Versetzen in deren Wahrnehmungsperspektiven, Motivationen und Gefühle wurde als wichtiger Prozeß für Hilfeverhalten ermittelt und gilt als wichtiger Faktor interner Aggressionshemmungen.

5. Opferbezogene Reaktionen, also das Lenken der Aufmerksamkeit auf die Folgen, die das eigene Verhalten für andere hat, wie etwa Hinweise auf deren Gefühle oder das Anregen von Entschuldigung und Wiedergutmachung: Dieses Erziehungsprinzip, das sich wohl zum Teil mit der Förderung des Einfühlungsvermögens überschneidet, aber mehr erklärend-argumentierenden Charakter hat, ist für die Verinnerlichung moralischer Normen und für prosoziale Einstellungen überaus wichtig.

6. Last not least (und immer wieder): Das Vorbild der Eltern beziehungsweise anderer Personen für eine Orientierung an humanen Werten (wobei sich dies sicherlich zugleich in vielen der vorangehenden Punkten äußern dürfte).

Hier taucht nun die Frage auf, welche Normen oder humanen Werte bezüglich aggressiver Handlungen erstrebenswert sind.

Die Frage „Welche Aggression ist noch ‚vertretbar', welche ‚unzulässig'?" ist letztlich nur mit persönlichen Wertentscheidungen zu beantworten. Denn er gibt keine konkreten wissenschaftlichen Auskünfte darüber, wie hoch man den Wert eines Menschenlebens oder das Wohlergehen anderer einschätzen soll oder welcher höhere Zweck eine Verletzung und Beeinträchtigung anderer erlaubt.

Umgang mit Aggressionen

Wenn man davon ausgeht, daß nicht alle Aggression Gewalt ist, wohl aber alle Gewalt Aggression, stellt sich zwangsläufig die Frage des Widerstandes.

Ich bin grundsätzlich der Meinung, daß in vielen Fällen der Anwendung tatsächlicher (körperlicher) Gewalt dieser auch mit Gewalt begegnet werden muß. Gemeint ist hier der persönliche Angriff beziehungsweise der Angriff auf Dritte, etwa in der Familie (Kindesmißhandlung).

Niemandem wird es schwerfallen, körperliche Gewalt zu definieren. Bei der Beschreibung dessen, was unter psychischer Gewalt zu verstehen ist, scheiden sich jedoch die Geister. Die Schwellen, bei deren Übertretung sich ein Mensch unter Druck gesetzt fühlt, weichen voneinander ab. So ist es kein Wunder, daß bereits unterhalb der Grenze zur Strafbarkeit in vielen Fällen psychischer Druck ausgeübt wird, um etwa sexuelle Befriedigung zu erlangen. Dieser Druck, der fast ausschließlich einseitig (von männlicher Seite) ausgeübt wird, ist sicherlich Ausdruck des gesellschaftlichen Gewaltverhältnisses zwischen Mann und Frau. Viele Männer beharren immer noch auf ihrer dominierenden Rolle, zu der Aggressivität als „natürliches" Verhalten gehört, das oft auch systematisch anerzogen wird.

Und darum meine ich, kann die Frage des Widerstandes nicht erst in einem Selbstverteidigungskurs gestellt werden, sondern muß schon im Erziehungsprozeß des Kindes beginnen!

Wie können Sie nun im konkreten Fall mit Aggressionen umgehen? Die folgende Aufstellung zeigt Möglichkeiten für den Umgang mit eigenen oder fremden Aggressionen.

1. Dampfablassen

- zuerst *nur* zuhören, also
- die Verärgerung des Gesprächspartners akzeptieren
- sich nicht provozieren lassen (kurzfristige Erleichterung)
- nicht voreilig Stellung beziehen
- den Gesprächspartner so lange reden lassen, bis die Verärgerung etwas abgeklungen ist

2. Bedürfnisse ansprechen

- Analyse des dahinterliegenden Konflikts/Gefühls
- aktives Zuhören
- entschlüsseln und rückmelden (Feedback)

3. Lösungen suchen

- gemeinsam (je nach Situation) mit dem Gesprächspartner nach Lösungen suchen, die eine Wiederholung des Konflikts vermeiden helfen. Der Gesprächspartner fühlt sich für die Einhaltung der Lösung verantwortlich, da er bei der Findung beteiligt war.

4. Schluß

- möglichst mit positiver Verstärkung

Frauenmißhandlung in unserer Gesellschaft

Geboren, um einem Manne zu gehorchen, der unvollkommen und voller Fehler ist, muß die Frau frühzeitig lernen, Ungerechtigkeit und Unrecht zu ertragen und zu erdulden, ohne sich zu beklagen.
Jean-Jacques Rousseau

Wodurch ist es in unserer Gesellschaft Männern möglich, Frauen zu verachten, zu erniedrigen und – meistens straflos –, besonders in einer Ehe oder eheähnlichen Beziehung, körperlich zu mißhandeln. Die bisher gängigen Erklärungsversuche, Männer schlagen aus Eifersucht, unter Einfluß von Drogen oder weil sie ihre Arbeitsstelle verloren haben, sagen wenig darüber aus, warum ausschließlich Männer Frauen mißhandeln. Auch Frauen sind eifersüchtig, sind süchtig, verlieren ihre Arbeitsstelle oder haben als Kind Gewalt erlebt. Trotzdem ist Mißhandlung in unserer Gesellschaft nicht umkehrbar! Auch der Versuch, Mißhandlung auf ein sozialspezifisches oder ein psychopathologisches Problem zu reduzieren, indem davon ausgegangen wird, daß nur Männer der untersten Schicht oder Männer mit schweren geistigen Defiziten schlagen, würde meines Erachtens zu keiner Klärung beitragen, denn weder Frauen der untersten Schicht noch geisteskranke Frauen schlagen ihre Männer.

In der Literatur gibt es Erklärungsansätze, auf einzelne möchte ich kurz eingehen. Es sind meistens Ansätze für eine bestimmte Richtung, die das Problem Gewalt gegen Frauen zu individualisieren versucht.

Die Vertreter des *psychopathologischen Ansatzes* gehen von einem biologistischen Hintergrund aus: Natürliche, biologische Unterschiede zwischen Frauen und Männern sind die Ursache der Geschlechtsunterschiede und somit auch der existierenden Dominanz des Mannes und der Unterlegenheit der Frau. Weil die Frau die biologische Fähigkeit besitzt, Kinder zu gebären, sind ihr auch angeblich andere Fähigkeiten angeboren: Fähigkeiten, die dazu gehören, Haushalt, Mann und Kinder zu versorgen. Frauen werden an der männlichen Norm gemessen, sie sind in der Relation zu Männern weniger wert, also „minderwertiger".

Dies zeigt sich an der geschlechtsspezifischen Aufteilung der Arbeit und den Funktionen in unserer Gesellschaft. Diese männliche Dominanz wird auch auf den psychopathologischen Bereich übertragen: weiblich = passiv = masochistisch und männlich = aktiv = sadistisch.

Einer der bekanntesten Vertreter dieses psychopathologischen Ansatzes, der englische Psychiater Faulk, geht davon aus, daß nur psychisch fehlentwickelte Männer ihre Frauen körperlich mißhandeln. Seine Untersuchung basiert auf der Befragung von 23 Männern, die sich in Untersuchungshaft befanden, weil sie ihre Frauen körperlich schwer mißhandelt oder getötet hatten. Hierbei stand die Frage im Vordergrund: Welche Männer mißhandeln ihre Frauen? Von diesen 23 Männern bezeichnet Faulk 14 als „psychiatrisch gestört". Die psychologischen Merkmale dieser Männer dienten zur Erklärung, warum sie ihre Frauen mißhandelten oder töteten.

Den gleichen biologistischen Hintergrund aus der Psychoanalyse, gewalttätiges Verhalten mit anlagebedingten Faktoren zu erklären, wie Faulk dies tat, haben die Vertreter der *Masochismustheorie.* Hierbei wird allerdings gefragt: Was sind das für Frauen, die sich mißhandeln lassen?

Snell und andere wollen in ihrer Untersuchung Masochismus bei mißhandelten Frauen festgestellt haben. Die Beziehungen zwischen den untersuchten Paaren wurde von den Autoren als ,,Rollentausch" bezeichnet: Schüchterne und passive Männer, von denen viele übermäßig Alkohol konsumierten, waren von dominanten und tüchtigen, also nach der Terminologie der Psychoanalyse ,,kastrierenden" Frauen abhängig. Bei diesen Frauen wurden ,,auffallend masochistische Persönlichkeitszüge" festgestellt. Laut Snell haben beide Ehepartner von dieser Beziehung eine große Befriedigung: Die Frau hat Schuldgefühle, weil sie immer als dominanter Teil die Beziehung beherrschen möchte. Der Mann, der im Grunde von ihr abhängig und ohne Verantwortung bleiben möchte, muß ihr durch Schlagen seine zumindest körperliche Überlegenheit beweisen.

Das Hauptproblem der Männer ist für die Autoren nicht ihre Gewalttätigkeit, sondern ihre Schwäche. Mit ,,Rollentausch" weisen die Autoren darauf hin, daß bei Frauen Dominanz und Selbstbewußtsein und bei Männern Abhängigkeit und Entscheidungslosigkeit pathologisch sind und daß auf dieses pathologische Verhalten mit ,,weiblichem Masochismus" reagiert wird. Ihrer Meinung nach wird das scheinbare Gleichgewicht innerhalb der Beziehung durch den Masochismus der Frau und die Gewalttätigkeit des Mannes hergestellt.

Selbst wenn berücksichtigt wird, daß Masochismus bei Frauen als Versuch interpretiert werden könnte, eine hilflose Situation dahingehend umzudefinieren, daß aus ihr Befriedigung gezogen werden kann, habe ich während meiner langen Berufstätigkeit als Polizist keine mißhandelte

Frau kennengelernt, die das Herausschlagen von Zähnen oder das Brechen eines Nasenbeins und eheliche Vergewaltigungen als befriedigend erlebt hätte. Ich meine, Frauenmißhandlung mit dem Masochismus der Frau zu erklären, ist angesichts des unbeschreiblichen Ausmaßes von Frauenmißhandlung zynisch.

Im Grunde entspricht die Masochismustheorie, mit der Frauenmißhandlung erklärt werden soll, der gleichen Wurzel, die dem Provokationsargument zugrunde liegt. Ob die Frau Mißhandlung „provoziert" oder „genießt", sie trägt in jedem Fall die Verantwortung für das Schlagen des Mannes. Diese Argumentation paßt in das Schema, nach dem Männer oft frei- und Frauen, die es angeblich nicht anders wollen, schuldig gesprochen werden.

Andere Autoren sprechen von einer *„Statussituation"* in Beziehungen, die dann gegeben ist, wenn sich der Mann in seiner Ausbildung oder beruflich seiner Frau unterlegen fühlt und deshalb zur Gewalt greift. Hierbei erlebt man häufig den typischen Psychoterror, den dann der Mann bis zur körperlichen Gewalt „auskostet".

Die Lerntheoretiker, die *Gewalt als gelerntes Sozialverhalten* interpretieren, heben sich deutlich von den bisherigen Erklärungsversuchen ab. Auch sie liefern jedoch keine befriedigende Antwort auf die Frage, wodurch Frauenmißhandlung oder schlechthin Gewalt gegen Frauen möglich gemacht wird. Sowohl aggressives als auch passives Verhalten sind für die Lerntheoretiker gesellschaftlich erworbene Verhaltensweisen.

Andere weitere Erkärungsversuche wie

- erfahrene Gewalt in der Kindheit,
- Gewalt als Folgeerscheinung von statusrelevanten Beziehungen oder
- die „gelernte" Hilflosigkeit mißhandelter Frauen

sind zweifelhaft und nur anhand von Einzelbeispielen zu belegen.

Ich selbst sehe die Entwicklung der Gewalt gegen Frauen (Mißhandlung) in dem Beginn ihrer Abhängigkeit vom Mann. Es läßt sich dafür sicher kein bestimmter Zeitraum festlegen, jedoch scheint festzustehen, daß in sehr frühen Epochen bei vielen Völkern Frauen längst nicht so abhängig von Männern waren. Sie hatten einen eigenen, wichtigen Lebensbereich, in dem sie eine Stellung behaupteten, die man als Gleichheit mit den Männern beschreiben konnte: ökonomisch, sexuell und sogar zeremoniell.

Erst als die Frau vermehrt in eine unterlegene Rolle gedrängt wurde (gesellschaftliche Zwänge und Glaubensphilosophie taten ein übriges), die Gesellschaft die Rolle des Mannes zum „Alleinernährer" und Behüter der Familie hochstilisierte, suchte dieser seine Rolle mit den Instrumenten männlicher Macht auszufüllen und zu festigen.

Diese Macht, sie ist es scheinbar heute noch, ist nicht nur auf die sexuelle Gewalt reduzierbar, sie hat auf viele Lebensbereiche übergegriffen.

Eine einfache Erklärung der Frauenmißhandlung mit ihren vielschichtigen Erscheinungsformen der Gewalt, die vor der Entwicklung der Soziologie und der Ethnologie abgegeben wurde, bestand darin, die physische Überlegenheit des Mannes als Ursache für seine Macht anzusehen. Bei vielen Völkern beruhen zum Beispiel die sozialen Beziehungen über Generationen hinweg auf dem Recht des Stärkeren.

Es stimmt sicher, daß die Annahme, ,,Männlichkeit" sollte Männer im Verhältnis zu Frauen mit Herrschaft, Autorität und Privilegien ausstatten (zentraler Bestandteil aller Männlichkeitsideologien), manche Männer in diesem Sinne anfälliger als andere für Mißhandlungen und sexuelle Gewalttaten gegenüber Frauen macht.

Die Gewalttätigkeit der Männer gegenüber dem anderen Geschlecht ist wohl letztlich einerseits durch die Gesellschaftsstrukturen gewachsen und andererseits durch die physische Dynamik begründet.

3. Männerwelt – Frauenwelt: Ein altes Lied?

Rückblick auf den Mythos der Männerherrschaft

Dieser Mythos sprach immer schon von einer geschlechtlichen Hierarchie und war ein Instrument der Männlichkeitsdoktrin und Solidaritätserzwingung von heranwachsenden Knaben gegen ihre Mütter und Schwestern.

Die Entstehung und Verbreitungsgeschichte eines Mythos und seine unbewußte logische Struktur ist deshalb zu trennen von der Funktion, die er in einer Gesellschaft hat. Diese beruht auf seiner inhaltlichen Aussage beziehungsweise dem, was die Menschen in einer bestimmten Zeit und Gesellschaft in ihn hineininterpretieren.

Die wichtigste gemeinsame Aussage aller entsprechenden Mythen ist die, daß der Herrschaft des Mannes eine frühere Herrschaft der Frau gegenüberstand und der jeweilige Ist-Zustand, nämlich eine Herrschaftsausübung des Mannes, legitimiert wird. Oder umgekehrt besagt der Mythos der Männerherrschaft, daß die weibliche Unterordnung durch einen Fehler oder eine Tabuübertretung der Frau zustande kam.

Interessant ist in diesem Fall einer der bedeutendsten und bekanntesten Herrschaftsmythen im abendländisch-christlichen Raum: der Mythos vom Sündenfall. Die Schlange (aber auch Eidechsenarten generell) verkörpert in den Mythen der verschiedensten Völker ewige Jugend, Unsterblichkeit und Fruchtbarkeit. Die Schlange besitzt ewige Jugend, weil sie ihre alte Haut gegen eine neue tauschen kann.

Eva, obwohl aus Adam gemacht, ist diejenige, die sich selbst in den Besitz des göttlichen Wissens bringen will. Zwei Bäume stehen im Paradies, einer, dessen Frucht die endgültige Teilhabe an der Macht (der Macht des ewigen Lebens) bietet und der Baum, dessen Frucht zu essen den Beginn der Sexualität, die „Erkenntnis", bedeutet. Eva, die gewagt hat, nach der göttlichen Herrschaft zu greifen, hat Gottes Gebot gebrochen. Dadurch wird die Herrschaft des Mannes über sie nun legitim. Ein Mann, der seiner Frau die Initiative überläßt, muß dafür ewig büßen.

Der Mythos vom Sündenfall und der Vertreibung aus dem Paradies war ein absolutes Herrschaftsinstrument der patriarchalischen abendländischen Zivilisation.

„Neue" Sexualität oder alte Sitten?

Friedrich Nietzsche sagte einmal: „Das Glück des Mannes heißt: ich will. Das Glück des Weibes heißt: er will." Sicher gab das nicht nur seine eigenen Empfindungen wieder, sondern war auch Ausdruck seiner Epoche. Auf unser Buchthema bezogen, trifft sicher der erste Teil seines Ausspruchs auch heute noch zu. Die sechziger und vor allen Dingen die siebziger Jahre brachten uns eine ganze Reihe von sexuellen Freizügigkeiten, die sich jedoch auch in ökonomischer Hinsicht positiv auswirkten. Ich will hier nicht weiter über Sinn und Unsinn von Pornofilmen, -clubs, -zeitschriften und ähnlichem sinnieren, fest steht, daß die damalige „sexuelle Revolution“ für die Beziehung zwischen Mann und Frau auch Probleme mit sich gebracht hat. Denn die „alten“ Hemmungen, Ängste und die Unfähigkeit, die wirklichen Probleme anzupacken, sind nach wie vor geblieben. Die Frustrationen um die Lust herum sind vielfach sogar noch größer geworden.

Mit dem Bestreben der Frauen, sich endlich zu verwirklichen, sich ein positiveres Selbstbild zu schaffen, entstanden viele Verunsicherungen unter den Männern. Es resultierte eine gewisse Angst der Männer, ob sie den „neuen“ Vorstellungen der Partnerin entsprachen. Diese Angst war und ist für das Verhältnis zwischen Mann und Frau immer noch bestimmend. Sie treibt viele Männer in eine „Ersatzbefriedigung“, wie etwa Machtkämpfe im Berufsleben, oder äußert sich in Extremfällen in sexueller, psychischer und körperlicher Gewalt gegenüber Frauen.

Männer im Beruf – Eroberer und Despoten

Die männliche Rolle in der Berufswelt erfordert manchmal zwangsläufig eine größere Entfernung von sozialen und emotionalen zwischenmenschlichen Bedürfnissen. Diesen Mangel kompensieren viele Männer durch eine Reihe von Mechanismen. So etwa durch Institutionen, die den Überschuß an Emotionalität auffangen und die männliche Persönlichkeit kurzfristig wieder stabilisieren können (Leistungen, die von Frauen in persönlichen und professionellen Beziehungen erfüllt werden), durch Pseudogruppen, die eine soziale Interaktion (Beziehung) mit solidarischer, emotionaler Basis vortäuschen sollen (Männerklubs und -bünde), und durch die Vermittlung eines Gefühls der Überlegenheit, das zur Aufrechterhaltung einer unnatürlichen persönlichen Isolation befähigen soll.

An der seit mehreren Jahren vielzitierten Floskel, auch die Männer hätten es dringend nötig, sich zu emanzipieren, ist dementsprechend etwas dran. Eventuell würde dann das Eindringen von Frauen in Positionen, in denen sie vor Jahren noch nicht vertreten waren, die Männerwelt nicht so verunsichern. Viele Männer werden nicht nur nervös, sondern bieten erstaunlichen Erfindergeist auf, um aussichtsreiche und berechtigte Frauenkarrieren zu verhindern oder sie mit „Ellbogenpotenz" zu erschweren.

Ist es eine tiefsitzende Konkurrenzangst, die gewisse Bösartigkeiten auf dieser Ebene als „Wettbewerb" im Berufsleben bedingt, oder woher kommt dieses Abwehrverhalten?

Es gibt sicher formulierbare Gründe, weshalb Frauen nach Meinung vieler Männer über bestimmte Berufszweige oder über eine gewisse Karrierestufe nicht hinauskommen sollten: Ein nach traditionellem Muster erzogener Mann vermag höchst unwillig einzusehen, weshalb Frauen in seine geheiligten Bastionen vordringen sollten. Er sieht ihren Platz zu Hause, in dem gemeinsamen „Reich", wohin er sich dann mit ihrer Hilfe zurückziehen kann. Ist es nicht so, so denkt er, daß diese intakte private Sphäre es ihm erst ermöglicht, Kräfte für den beruflichen Kampf zu schöpfen?

Durch das Vordringen der Frauen in beruflich exponierte, kräftezehrende Positionen fühlt er sich instinktiv seines dringend benötigten Energiereservoirs beraubt.

Ein treffendes Beispiel für das Verhalten von Männern gegenüber Frauen in einer typischen Männerdomäne erlebte man vor Jahren, als die ersten Frauen in den Polizeidienst eintraten. An allen Ecken wurde lauthals diskutiert, was man sich denn damit ,,angetan" hatte. Konnte eine Frau überhaupt in einem Männerberuf ,,ihren Mann stehen"?

Der Phantasie waren keine Grenzen gesetzt. Man dachte öffentlich darüber nach, in welche Schwierigkeiten die männlichen Beamten kommen könnten. Angefangen von arbeitsmäßigen Mehrbelastungen über sexuelle Anfechtungen (Ich frage mich nur, von wem?) bis zum bevorzugten Besetzen von Planstellen, gingen die männlichen Befürchtungen.

Zwischen Belästigungen am Arbeitsplatz und den noch herrschenden Machtstrukturen im Berufsalltag gibt es durchaus einen Zusammenhang. Frauen, die sich beruflich in Männerdomänen etablieren wollen, haben eine Vielzahl von Belastungen, Anforderungen und Schwierigkeiten zu bewältigen, die sich dem, womit auch ein Mann fertig werden muß, hinzuaddieren.

Berufliche Anforderungen sind auf Fähigkeiten zugeschnitten, von denen oft unterstellt wird, daß Männer sie besser anwenden könnten. Der Zuschnitt von Berufsbildern auf die soziale Rolle des Mannes gilt dabei als ebenso selbstverständlich und natürlich wie die unterschiedliche Verteilung entsprechender Qualifikation auf Männer und Frauen.

In dieser Ausgangslage steht Frauen, die sich auf den Schritt in die ,,Männerwelt" einlassen, ein begrenztes Spektrum an Möglichkeiten offen. Ausbildung, Einstieg in den Beruf und auch der Berufsalltag sind eine endlose Kette von Situationen, die unmittelbare Anforderungen an die Frauen stellen, die sie allein bewältigen müssen. Angesichts dessen, was sie tagtäglich erleben, ist ein Selbstverständnis als Einzelkämpferin angemessen.

Richtig ist aber auch das andere, daß nämlich Frauen nicht nur als einzelne, sondern vor allem als Zugehörige ihres Geschlechts bestimmte Erfahrungen mit Männern am Arbeitsplatz machen. Wie diese Erfahrungen nun verarbeitet werden, ist unterschiedlich. Manchmal lassen sicher die unmittelbaren Anforderungen wenig Raum für eine distanzierte Betrachtung der eigenen Erlebnisse. Viele Frauen entwickeln Strategien, um halbwegs zufriedenstellend zu überleben und suchen auch Veränderungen, die in der Berufswelt das Rollenbewußtsein in Frage stellen und das Patriarchat ins Wanken bringen.

Handlungsbedarf für Männer?

Was ist eigentlich mit den Männern? Wo sind sie?

Es fällt auf, daß sich engagierte Männer für alle möglichen unterdrückten Gruppen empören, für bedrohte Völker, Gastarbeiter, Asylsuchende, Drogenabhängige, für junge Robben und aussterbende Vogelarten. Die „Randgruppe" unterdrückter Frauen hat jedoch kaum Beistand von männlichen Sympathisanten zu erwarten. Und wenn doch, dann tun sich die Beschützer schwer. Ausgehend von der Frauenbewegung wird seit mehr als zehn Jahren diskutiert, wie es immer wieder dazu kommt, daß Männer Frauen vergewaltigen, mißhandeln oder sie zum Sexualkontakt nötigen. Eigenartigerweise lassen sich Männer in der Regel auf diese Diskussion kaum ein. Auch in der Männerbewegung hat man sich bisher wenig mit der männlichen sexuellen Gewalt beschäftigt.

In England, den USA und Kanada gehören Gruppen wie MOVE oder Men Against Sexism seit einiger Zeit zur Männer-Szene. Die Mitglieder machen ihre Gewaltbereitschaft für sich selbst zum Problem, organisieren Workshops und Seminare, verteilen Flugblätter, verkünden ihre Ansichten in Jugendzentren, sammeln Geld für Frauenhäuser. Sie sagen: „Wir können mit Männern reden, die Frauen in dieser Weise behandeln, wir können alle Schlüpfrigkeiten, Bemerkungen und Witze, die sexuelle Gewalt beinhalten, anprangern. Es ist eine Lüge, daß Frauen Gewalt wollen und daß es in unserer Natur liegt, ihnen Gewalt anzutun. Tatsache ist, daß Frauen Nötigung, Mißhandlung und Vergewaltigung ablehnen." Mit diesem Text wandte sich die Manchester MOVE-Gruppe an die Männer-Öffentlichkeit. In den Niederlanden gibt es seit 1983 die Mannen Tegen Seksueel Geweld (MTSG), die sich in Amsterdam zusammengeschlossen und inzwischen mehrere Untergruppen in anderen niederländischen Städten gegründet haben.

Die Mitglieder sind sich einig, daß Männer eine besondere Verantwortung haben, sexuelle Gewalt zu stoppen, weil es Männer sind, die sie ausüben. Die MTSG sehen eine wichtige Aufgabe in der Öffentlichkeitsarbeit, denn sie haben die Erfahrung gemacht, daß viele ihrer Ansprechpartner selten darüber nachdenken, was Männergewalt bei Frauen auslöst und diese Erkenntnis heilsames Staunen und Erschrecken zur Folge hat.

In der Bundesrepublik sind Männer, die sich berufen fühlen, Gewalt gegen Frauen zu verhindern, rar. Nicht betroffen, werden die meisten sagen und wenden sich „wichtigeren“ Dingen zu. Nicht betroffen, sagen auch diejenigen, die selbst gewalttätig sind – sie betrachten ihre Handlungen ja als zulässig und normal. Die meisten Männer brauchen ihre Energie, um sich dem Ringen um ihre Identität und der Imagepflege hinzugeben. Ihr Denken offenbart einen Rückzug aus der Verantwortung.

Als erste Männer-Selbsthilfegruppe ist in der Bundesrepublik die Hamburger Gruppe Männer gegen Männer-Gewalt aktiv geworden. Sie wollte und will Männer ansprechen, die Frauen mißhandeln und sexuell nötigen und von allein nicht davon loskommen.

Die Gruppenleiter haben die Erfahrung gemacht, daß bei vielen Männern die Verhaltensmuster in etwa gleich sind: Männer, die schlagen, mögen keine Konflikte, sie wollen eigentlich überhaupt keinen Widerspruch zur Kenntnis nehmen. Wenn es doch zum Streit kommt, kennen sie in der Regel zwei Grundmuster: Flucht – raus in den Garten, in die Kneipe, ab mit dem Auto – oder Prügel. Viele fühlen sich besonders nach einer Prügelszene hilflos, erniedrigt und sind voller Selbstmitleid. Welch ein Widerspruch, denn anschließend wollen einige Männer zur Versöhnung mit ihren Frauen ins Bett! Frauen reagieren auf so ein Verhalten verständlicherweise bitter-ironisch und bedauern die „armen Männer“. Nach dem Motto: Da prügelt ein Mann jahrelang auf seine Frau ein, und niemand ahnt, wie hilflos er dabei ist!

Nicht nur die Männer der Selbsthilfegruppen suchen eine Neufassung des Begriffs Männlichkeit. Der Durchschnittsmann, falls es den überhaupt gibt, ist „out“. Und die Zahl der Männer, die weder Pascha noch Patriarch, sondern Partner sein möchten, nimmt zu.

Auch bei uns in Mitteleuropa beginnen junge Männer,

sich früh an der Kindererziehung, am Haushalt und am Familienleben zu beteiligen. Dem steht heute entgegen, daß viele Männer in dunkelgraue Anzüge gesteckt werden und man ihnen oft gezwungenermaßen eine Karriere auf den Leib schneidert, die kaum Zeit und Muße für ein vernünftiges Miteinander läßt.

Die wenigsten Männer können sich auch heute noch ein „Nur-für-die-Familie-Dasein" als ausfüllende Lebensform auf Dauer vorstellen. Die meisten versuchen die Weichen im Beruf zu stellen, während sie „emanzipiert" vollauf mit Kind und Kegel beschäftigt sind und den Hausfrauenalltag mit seinen Vorzügen und Nachteilen als Herausforderung zu bewältigen versuchen. Das geht selten gut.

Hausmänner, die bereit waren, über ihre Erfahrungen zu sprechen, nehmen Partnerschaft ernst, überlegen nachdenklich, wieweit es mit ihrer eigenen Emanzipation bestellt ist, wenn ihnen manches so schwerfällt, was sie vorher als selbstverständliche Leistung von ihrer Frau erwarteten. Es scheint so, als lernten Frauen ihre Rollen rascher und wendiger als Männer, als paßten sie sich eher an und seien begabter, mehrere Parts gleichzeitig zu spielen. Doch das könnte sich ändern. Auch Männer könnten, ja *müssen*, dazulernen. Sie müssen neue Rollen übernehmen oder längst vergessene wieder aufnehmen. Das wäre die notwendige Hinwendung zur neuen, vernünftigen „Stärke" des starken Geschlechts.

Aber nützt es den Frauen, die Männer in gute und böse Vertreter ihres Geschlechts zu sortieren? Alle Gruppen, die genannt wurden, sind gut und leisten sicher einen wichtigen Beitrag zur Neubesinnung und zur eventuellen Verhaltensänderung in der Gesellschaft. Männer sollen ja nicht aus der Welt verbannt werden, denn die meisten Frauen wollen mit Männern zusammenleben. Und sie erfahren etwas von einer gewissen Widersprüchlichkeit, in die sie sich verstricken: daß Männer, die sie lieben, gleichzeitig in ihrer Funktion sich gegen die Interessen der Frauen verhalten oder von Sitten und Gesetzen profitieren, die den Frauen schaden.

„Erbarmen mit den Männern?" Ja, es scheint so, als seien zur Zeit die Frauen die stärkeren und könnten eher bereit sein, zu verstehen, zu verzeihen und vorbehaltlos zu lieben. Um wirklich etwas entscheidendes zu verändern, muß das veränderte Rollenverhalten in einer frühen Erziehungsphase beginnen, und es muß den Kindern und besonders den Söhnen vorgelebt werden!

Es ist höchste Zeit, daß Männer sich mit Männern beschäftigen. Allmählich beginnen sie sich zu artikulieren. Sicher, verglichen mit der umfänglichen Literatur über Frauen, sind die Umfragen und Daten über Männer eher spärlich. Frauen eröffneten bei solcher Art von Selbsterforschung der Männerwelt neue Perspektiven. Lange unterdrückte und nun freigesetzte Energien entluden sich zum Schrecken vieler Männer zuweilen in feindseligen Aktionen. Frauen gewannen ihr neues Selbstbewußtsein unter anderem auch, indem sie die Machtstrukturen männlicher

Herrschaft entlarvten und sich dagegen zur Wehr setzten. Sie beschimpften die Männer nicht nur als ,,Chauvis'', sie verließen sie auch, wenn sie glaubten, sich anders nicht emanzipieren zu können.

Wie unsere Mütter lebten, können sich die meisten Frauen heute nicht mehr vorstellen. War es nicht auch eine gewisse Gewalt, die gegen sie ausgeübt wurde, die sie in Zwänge hineinpreßte, die ihnen die Luft zum eigenständigen, erfüllten Leben nahm?

Heute braucht im Gegensatz zu damals kaum eine ledige Mutter zu fürchten, ins gesellschaftliche Abseits gestellt zu werden, genausowenig wie unverheiratete Paare. Frauen können sich heute frei entscheiden, ob sie lieber mit Frauen leben als mit Männern, ob sie berufstätig sein wollen oder nicht, und sie können Beziehungen beenden, da sie vielfach finanziell unabhängig sind.

Unsere Mütter dagegen waren noch in einer anderen Lage. Wenn sie eine Beziehung beendet hatten (was sehr schwierig war), wohin hätten sie gehen sollen? Der Mann hatte die Macht, besonders in einer Ehe, ihre Schritte zu kontrollieren, und er hatte die Macht zu prüfen, was sie mit seinem Geld anfing.

Sicher werden Sie sich jetzt fragen, was hat die Vergangenheit mit den heutigen Problemen zu tun? Die Lebensformen und Lebensmöglichkeiten haben sich entscheidend verändert, doch haben sich auch die Frauen verändert? Denken und fühlen Frauen heute wirklich so anders als ihre Mütter? Denn diese waren und sind es wahrscheinlich noch, die den jungen Frauen von heute Frauenleben vorlebten beziehungsweise vorleben. Die Frauen von heute sind die Töchter jener Frauen, die sich in aller Regel dem Mann noch unterordnen mußten, die oftmals ihre eigenen

Wünsche gar nicht kannten und wenn, dann wagten sie es nicht, sie auszusprechen. Sie hatten gelernt, nur für andere dazusein.

Die Frage ist, inwieweit können die Frauen heute von sich behaupten, sie hätten diese „Vorbilder" überwunden (auch durch die Frauenbewegung)? Was ist mit der Behauptung, daß sich viele Frauen gar nicht bewußt sind, daß sie die Rolle der Unterdrückten verinnerlicht haben?

Vielleicht ist das ein Grund dafür, daß viele Frauen hinter ihrer erfolgreichen Fassade unglücklich und unzufrieden sind und häufig Krankheitssymptome zeigen, die eigentlich nicht zu ihrem selbständigen Leben passen: sie hungern, trinken und rauchen zu viel, schlafen schlecht, nehmen Medikamente und leiden häufig unter mysteriösen (psychosomatischen) Krankheiten.

Eine unter diesem Druck oftmals angeknackste Psyche suggeriert ihnen Angst, vielleicht das Gefühl, versagt zu haben, bei der Berufswahl doch das Falsche gewählt zu haben, die Kinderfrage nicht richtig entschieden zu haben oder Zweifel an der Wahl des Partners. Diese Auflistung ließe sich sicher noch fortsetzen, entscheidend ist aber, daß sich viele dieser Fragen unseren Müttern gar nicht erst stellten. Die gesellschaftlich vorgegebenen weiblichen Lebensformen ließen dafür so gut wie keinen Raum. Diesen Frauen wurde gesagt, was richtig für sie war – selbst wenn sie darunter litten, sie akzeptierten doch meist widerspruchslos diese Vorgaben. Wahlmöglichkeiten dagegen verunsichern, denn es besteht immer die Gefahr, eine „falsche" Wahl zu treffen. Eine vorgegebene Lebenssituation wird hingenommen, solange sie nicht unerträglich ist, eine frei gewählte hingegen muß sich im Spektrum der alternativen Möglichkeiten als die bestmögliche darstellen.

Sehr oft wollen Frauen beides: die Sicherheit der Tradition und gleichzeitig aus der Tradition ausbrechen. Durch diese „Doppelwünsche" bringen sich manche Frauen in eine „Spagatsituation", wie es eine Autorin einmal genannt hat. In dieser Situation sind sie mitverantwortlich für das Verhältnis zwischen den Geschlechtern und die gesellschaftliche Lage insgesamt.

Die Macht der Frau

Eine Frau, die sich ihres Frauseins bewußt ist, weiß, daß sie Macht über den Mann hat. Diese Macht muß nicht künstlich hergestellt, nicht erst erkämpft werden – sie ist einfach da.

Ausgangssituation ist doch, daß sich die meisten Männer von Frauen angezogen fühlen. Ein Eingeständnis wohlgemerkt, das „modernen" Männern nicht so schnell über die Lippen kommt. Vielleicht, weil sie dieser Anziehungskraft manchmal geradezu hilflos ausgeliefert sind. Dieses Phänomen der weiblichen Anziehungskraft hat sicher nicht nur mit Sex und Erotik zu tun. Eine ebenso wichtige Rolle spielt sicherlich die Sehnsucht jedes Menschen nach Geborgenheit und Wärme, nach Liebe und Zärtlichkeit, nach der Mutter, die ihn behütet und beschützt. (Braucht ein Mann überhaupt Schutz?) Auch diese Mütterlichkeit sucht fast jeder Mann in jeder Frau.

Macht den Männern die Rolle, die sie im Leben zu spielen haben, die sie sich vielleicht selbst gewählt haben, wirklich Freude? Werden nicht gerade Konflikte im Verständnis für das andere Geschlecht heraufbeschworen, weil der Mann es nicht gelernt hat, Gefühle zu zeigen, Gefühle nicht zu verdrängen? Ist das, was man von vielen Männern im Berufsleben erwartet, nämlich das gefühlslose, eiskalte und überlegene Taktieren, die Rücksichtslosigkeit gegenüber dem Privaten, besteht daraus das „natürliche Seelenleben" eines Mannes?

Wahrscheinlich ist dieses Problem den meisten Männern gar nicht bewußt. Ihr Verhalten zumindest ist sehr oft vordergründig auf die Erreichung sexueller Ziele ausgerichtet und wird deshalb ganz zwangsläufig mißverstanden.

Tatsache ist doch, daß Männer auch Söhne von Müttern sind, von Frauen geboren und überwiegend von Frauen erzogen werden. Und es waren und sind Frauen, die ihnen die Grundmuster ihres späteren, männlich-chauvinistischen Verhaltens anerzogen haben beziehungsweise weiterhin anerziehen.

Mittlerweile haben viele Frauen erkannt, daß sie ihre Kraft im Kampf gegen den Mann nicht sinnlos auf die bestehende Situation verschwenden sollten, sondern sie in vernünftige, kreative Kanäle lenken müssen. Erste positive Schritte sind getan, in dem man sich zum Beispiel mit den Männern solidarisiert beziehungsweise arrangiert, gemeinsame Veranstaltungen mit den hier angesprochenen Themen anbietet und sich nicht nur in Frauenzirkel zurückzieht.

Es stimmt bedenklich, wenn man in einigen Orten ein fast komplettes Kulturprogramm nur für Frauen vorfindet. Diese Veranstaltungen sind zwar öffentlich, doch vergessen die Verantwortlichen offenbar, daß die Abschottung gegenüber dem anderen Geschlecht zwar das Solidarbewußtsein einzelner Frauen stärken mag, aber der Bewältigung gemeinsamer, also männlicher sowohl als auch weiblicher Probleme, oft entgegenwirkt.

M. Schönberger schrieb in ihrem Buch „Rettet uns den Mann“: „Manchmal habe ich den Eindruck, daß wir alle miteinander – Frauen und Männer – etwas ganz Wesentliches vergessen haben: Daß die Welt nicht aus zwei verschiedenen Geschlechtern besteht, sondern aus – Menschen.“

Die Emanzipationsbewegung (ein mittlerweile überstrapaziertes Wort) ist noch nicht am Ziel, doch die erste Generation der Frauenrechtlerinnen kann für sich behaupten, vieles aus ihren Forderungskatalogen erfüllt zu sehen.

Die neue Beziehung

Die Beziehungen zwischen Männern und Frauen haben sich im Laufe dieses Jahrhunderts tiefgreifend verändert.

Zweifellos sind neue Gemeinsamkeiten entstanden – aber ebenso auch neue Spannungen, Konflikte und Kämpfe.

Viele, von den Vertreterinnen der Frauenbewegungen bis zu ihren erbitterten Gegnern, sehen Frauen als eine treibende Kraft in dieser Entwicklung an. Doch unterschiedlich sind die Bewertungsmaßstäbe: hier Frauen als die Opfer, die sich zu wehren beginnen; dort Frauen als die Schuldigen, die die bewährte Ordnung stören. Denn mit dem Wachsen der modernen Gesellschaft begann auch ein tiefgreifender Wandel von Ehe und Familie. Was einst vorrangig eine Arbeits- und Wirtschaftsgemeinschaft war, nimmt vielleicht immer mehr den Charakter einer Gefühlsgemeinschaft an.

Die traditionellen Bindungen und Vorstellungen werden brüchig. Die neue Generation geht anders in eine Beziehung hinein als ihre Eltern, sie schafft sich Beziehungsfreiräume durch ein gewisses Kopieren von Männerverhalten und durch bewußt lockeres Handhaben ihrer Gefühle zum anderen Geschlecht. Trotzdem gewinnt die Ehe eine neue Bedeutung, eben jene, die uns heute vertraut ist. Zu einem Grundthema der Ehe wird immer mehr die Identität: im Austausch mit dem Ehepartner suchen Frauen sich selbst.

Mit der Industrialisierung und der Auflösung der Familie als Wirtschaftsgemeinschaft entsteht auch eine neue Lebens- und Arbeitsperspektive zwischen Mann und Frau. Die junge Frau heute nabelt sich früh von der Familie ab, will ihr Sein möglichst klar und ohne Zwang definieren. Sie hat bestimmte Vorstellungen von der Partnerschaft zwischen Mann und Frau, sie möchte in der Regel die traditionelle Rolle des weiblichen Wesens, nämlich das Zeigen von Herz, Fürsorglichkeit, Zärtlichkeit und Aufopferungsbereitschaft, nicht mehr alleine ausfüllen und verlangt dies jetzt auch berechtigterweise von ihrem Partner.

Konflikte in den Beziehungen treten offener zutage und darum wundert es nicht, wenn bei Befragungen Frauen mit ihrer Ehe unzufriedener sind als Männer. Dies ist sicher auch ein Anzeichen dafür, daß Frauen immer weniger bereit sind, die alten Erscheinungsformen der Partnerschaft zu akzeptieren. Sie wollen dem Mann klarmachen, daß er mit dem Eingehen der Zweierbeziehung nicht automatisch in der Frau die Walterin von Harmonie, Frieden und Hingabe zu sehen hat.

Die Männer müssen lernen, daß durch den Wandel der Anforderungen die heutige weibliche Generation mehr Wert auf Selbständigkeit und Selbstbehauptung legt als die Frauen früherer Generationen.

Heute weiß jede Frau, daß nicht die Sternstunden der Beziehung zählen, die sie schnell ausgereizt hat, sondern der Alltag mit seiner partnerschaftlichen Bewältigung. Erst im Alltag zeigt es sich, ob die Beziehung gelebt werden kann oder nicht. Denn was nützt den Frauen das verbesserte allgemeine Bewußtsein, wenn die Männer nicht ihrerseits bereit sind, umzudenken und ihr altes Rollenverhalten zu ändern.

Noch immer sind die Auswirkungen von Doppelbelastung, Chancenungleichheit, Probleme beim Wiedereinstieg in den Beruf oder beim alleinigen Erziehen der Kinder zu spüren.

Das sogenannte „Ein-Rollen-Modell" wollen die meisten Frauen nicht mehr, doch ist es nur bedingt zu umgehen; es wird ihnen noch immer durch die Gesellschaft, durch den Mann beziehungsweise durch die „natürliche Bestimmung" als Gebärende aufgezwungen. Es gilt also, sich gegen überkommene Vorstellungen zur Wehr zu setzen und gleichzeitig auf die Fallen und Stolpersteine zu achten, die Frau (und Mann) sich selbst in den Weg legen.

Gemeinsam in die gleiche Richtigung zu gehen, fällt leichter.

4. Die psychische Selbstverteidigung

Selbstbewußt sein

Sind wir nicht zu sehr abhängig vom Beifall anderer, vom Lob, egal, von welcher Seite es kommt? Gerade da, wo man seine Stärke zu haben glaubt, ist man auch am verwundbarsten, aufgrund der Angst, daß die eigene Stärke nicht erkannt oder verkannt werden könnte. Wer so denkt, sollte seine Einstellung überprüfen.

Selbstsicherheit beginnt dann, wenn man sich selbst akzeptiert, seine Stärken und Schwächen ausbalancieren kann. Wenn Sie selbstbewußter und selbstsicherer sein wollen, *trennen Sie sich von folgenden Einstellungen:*

1. Ich muß es anderen immer recht machen.
2. Ich gewinne die Achtung der Mitmenschen, wenn ich ihre Bedürfnisse erfülle.
3. Ich bin nur dann glücklich, wenn ich es allen recht mache.

Das Gefühl, von den Mitmenschen anerkannt zu sein, spielt eine wichtige Rolle für das gesamte psychische Gleichgewicht und steigert in der Regel das Selbstwertgefühl. In unserer modernen Industriegesellschaft wird einfach ein gewisses Selbstbewußtsein erwartet. Aber, ist es nicht oft nur Fassaden-Selbstbewußtsein, das demonstriert wird? Denn wie es hinter der Fassade aussieht, sieht keiner und will auch kaum einer wissen. Faktoren wie Unsicherheit und Angst werden von der Umwelt belächelt und kaum toleriert, dadurch leidet unter Umständen die Selbstsicherheit und das Selbstwertgefühl, das dann durch „gespielte" Überlegenheit wieder aufgerichtet wird. Der/die wirklich Selbstsichere muß nicht stets überlegen sein. Er/sie kann den anderen Menschen ohne Angst sehen. Sein/ihr eigener Wert wird durch die Reaktionen der anderen nicht angetastet. Positives Denken geben ihm/ihr Selbstsicherheit und Lebensfreude.

Selbstbewußtsein ist alles

„Sei doch selbstbewußt!" – „Trau dich doch!" – Wer kennt nicht diese Aufforderungen zu mehr Selbstbewußtsein und damit mehr Anspruch auf Lebensglück. Es gibt auch kaum jemanden, der diesem Ansinnen nicht gerne nachkäme. Nichts lieber als das! Man wird akzeptiert, geliebt oder verehrt. Selbstbewußtsein ist aber auch ein Schutzschild vor An- und Übergriffen. Ein Mensch, der Selbstsicherheit ausstrahlt, veranlaßt seine Umgebung, ihm mit Wertschätzung entgegenzutreten. Die Unantastbarkeit seines Selbst ist weitgehend gesichert. Und trotzdem: Es gelingt einfach nicht, sich mehr Selbstsicherheit zu befehlen. Um selbstbewußter zu werden, muß man sich erst einmal darüber klar werden, was damit überhaupt gemeint ist.

In meinen Kursen frage ich immer nach der Erwartungshaltung der Teilnehmerinnen. Etwa 80 Prozent der Frauen antworten, daß sie durch einen Selbstverteidigungskurs ihr Selbstbewußtsein stärken wollen.

Abgesehen davon, daß das sicher ein eigenständiges Primärziel der Kurse ist, beinhaltet die Stärkung des eigenen Selbstbewußtseins doch mehr. Hat Selbstbewußtsein allgemein nicht auch etwas mit Lebenseinstellung, Beruf, Glück und Liebe zu tun? Das Selbstbewußtsein ist eine zentrale Eigenschaft, die nicht angeboren ist, sondern sich von der Kindheit an langsam entwickelt. Durch Frustration (Enttäuschungen, seelische Verletzungen) jedoch wird es unterdrückt oder im Laufe des Lebens zerstört. Man schätzt in diesem Zusammenhang, daß nur etwa zehn Prozent der Menschen sich frei und ohne Unterdrückung entfalten können. Deswegen ist es sicher verständlich, daß Millionen Menschen aufgrund der Erziehungs- und Gesellschaftssituation Probleme mit ihrem Selbstbewußtsein haben.

Selbstbewußtsein ist eine Eigenschaft, die verschieden stark ausgeprägt ist. Erlernte, anerzogene Normen und das Menschenbild, das wir in unserem Kopf tragen, hängen eng zusammen und beeinflussen unser Verhalten auf allen Ebenen. Selbstbewußt sein heißt auch Selbstsicherheit haben. Selbstsicher sein heißt, sich ohne Blockierungen entfalten zu können und keine übertriebenen Ängste zu haben. Selbstsicherheit ist die zentrale Eigenschaft, um die sich andere Eigenschaften wie Einfühlungsvermögen, Toleranz, Unabhängigkeit, Belastbarkeit, Selbstlosigkeit, Ehrgeiz und ähnliches gruppieren.

Das Selbstwertgefühl ergibt sich aus der Summe der Selbsteinschätzung der eigenen Fähigkeiten. Diese Selbsteinschätzung wiederum hängt von verschiedenen Bedingungen der sozialen Umwelt ab.

Wir sehen uns zwar nicht immer so, wie die anderen uns sehen, wir sehen uns aber häufig so, wie wir denken, daß uns die anderen sehen. Anders ausgedrückt: Sie versuchen unbewußt, das Bild, das Sie von sich selbst haben, dem Bild anzugleichen, das Ihrer Meinung nach die Umwelt von Ihnen hat. Erkennen Sie, worauf es ankommt? Sie müssen einerseits lernen, im Spiegel Ihrer Außenwelt Ihre positiven Eigenschaften zu entdecken. Andererseits können Sie auf dieses Bild Einfluß nehmen. Hierzu haben sich folgende Denk- und Handlungsstrategien bewährt:

Je positiver und sicherer Sie auftreten, desto höher werden Sie von Ihrer Umgebung eingeschätzt werden.

Jeder Mensch hat Mißerfolge im Leben. Verhängnisvoll ist es aber, wenn Sie aus Ihren Mißerfolgen ein negatives Selbstbild konstruieren.

Wenn Sie etwas für sich entschieden haben, dann handeln Sie danach. Sie haben es nicht nötig, sich vor anderen Menschen unentwegt zu rechtfertigen. Nehmen Sie sich wichtig!

Kritik braucht Sie nicht gleich zu verunsichern. Sehen Sie darin auch den Versuch einer Annäherung und das Interesse an Ihrer Person. Äußern Sie offen Ihre Meinung und begründen Sie diese.

Wenn Sie Kinder haben, geben Sie ihnen das Gefühl, daß Sie sie in jeder Situation annehmen – auch wenn sie Ihnen Probleme bereiten. Kinder brauchen Anerkennung und Liebe, denn nur so können sie jenes Selbstbewußtsein entwickeln, um das man sich später oft verzweifelt bemüht.

Öffnen Sie sich Ihren Mitmenschen, und gehen Sie auf sie zu. Ein aufmerksamer Blick, ein freundliches Lächeln oder ein paar nette Worte sind mehr als nur leere Umgangsformen. Sie präsentieren sich damit als ein interessierter, kommunikationsfreudiger Mensch, der Anerkennung verdient.

Sprechen Sie sich mit deutlicher, entschlossener Stimme folgende positive Suggestionen vor. Nehmen Sie sie auf Toncassette auf, und hören Sie sie immer wieder an. Nach einiger Zeit wird Ihr Unterbewußtsein diese positiven Programme als „wahr“ abgespeichert haben. Sie werden mehr Selbstbewußtsein entwickeln.

Ich bin stark. Ich mag mich. Angst macht mir nicht angst. Ich bin ich. Niemand ist perfekt. Ich bin einmalig. Ich habe Glück. Ich bin wichtig. Jeder hat eine Chance. Es gibt einen Weg. Ich bin aktiv. Ich gefalle mir. Ich schaffe es. Ich lasse mir nichts gefallen. Mich bringt nichts aus der Fassung. Ich kämpfe für meine Sache.

Kann mich Selbstbewußtsein schützen?

Wenn Sie glauben, im Zweifelsfall der Überlegenheit des Mannes ausgeliefert zu sein, müssen Sie diese Einstellung unbedingt ändern!

Im Gegensatz zur Frau, ist es für viele Männer nicht leicht, sich von der traditionellen Auffassung, daß sie den Frauen aus natürlichen Gründen überlegen sind, zu befreien. Sind sie nicht in der Regel größer, körperlich stärker; haben sie nicht eine tiefere, resolutere Stimme, mehr praktisches Verständnis, mehr „Gehirnmasse“? Steht ihnen deswegen nicht selbstverständlich die natürliche Rolle des Dominierenden in der Beziehung des einen Geschlechts zum anderen zu?

Die Annahme, daß eine „natürliche" männliche Überlegenheit gegeben sei, war schon immer eine Bedrohung, und zwar sowohl für die Frau als auch für den Mann. Denn unter diesen Umständen ist es für beide Geschlechter schwer, wesentliche Gleichwertigkeit und demzufolge Gleichberechtigung zu akzeptieren. Viele Frauen kämpfen ständig und mit wachsendem Erfolg gegen diese „Überlegenheit" des Mannes an. Ist es nicht oft noch ein „Kampf zwischen den Geschlechtern", besonders im Bereich des Sozialen und des Sexuellen?

Heute mehr denn je machen Frauen bewußt und öffentlich, daß die gewaltsame Unterwerfung unter männliche Macht- und Triebansprüche sehr schlimme Folgen haben kann.

Zuversicht und Kraft

Selbstbewußtsein und Optimismus sind eng miteinander verknüpft. Suchen Sie die Nähe und auch die Gespräche mit Menschen, die Ihnen durch ihren Optimismus die Kraft geben, Schwierigkeiten in der Beziehung zum Mann oder schlechthin zur „Männerwelt" leichter zu verarbeiten. Schauen Sie den Männern auf der Straße offen ins Gesicht. Sie werden zuweilen Unsicherheit und Scheu aus ihren Gesichtern ablesen können!

Artikulieren Sie ganz klar Ihre Vorstellungen, und erwidern Sie Anzüglichkeiten und Beleidigungen sofort in bestimmter, sachlicher Form.

Wenn Sie Vertrauen haben zur eigenen Stärke, die sich

auch in einer Lebensfreude ausdrückt, haben Sie schon viel zu Ihrem Schutz getan.

Körpersignale

Ein weiterer Aspekt zur Stärkung des Selbstbewußtseins und der Selbstsicherheit ist die Wirkung der Körpersprache. Körpersprache kann dem Gegenüber bewußtmachen, daß die Äußerungen des Körpers der Frau den Äußerungen ihres Mundes widersprechen. Wenn man also erkennt, was man mit seinem Körper macht, lernt man sich selbst gründlicher verstehen. Kontrolle der Körpersprache heißt auch, Signale geben und Komplikationen vermeiden. Körperhaltung und Gang übermitteln zum Beispiel einen Großteil der Botschaft oder Einstellung.

Diese sogenannten unterschwelligen Signale sorgen oft für Verwirrung. Welcher Mann hat sich noch nicht die Frage gestellt, ob die Frau „zu haben" ist? Manchmal wird diese Frage schon durch die Körpersprache der Frau hervorgerufen. Ein Mann wird es als „Posieren" bezeichnen, eine Frau vielleicht als „affektiertes Benehmen"; aber die Bewegungen eines Körpers, der Hüften und Schultern, verbunden mit einer einladenden Gesichtsmimik, senden deutliche Signale, die suggerieren: „Bei mir kannst du landen". Nun ist das, wenn es bewußt und gewollt geschieht, um einem Menschen seine Aufmerksamkeit zu zeigen, durchaus normal. Man sollte sich allerdings der Wirkung dieser oder ähnlicher Signale bewußt sein. Das Fatale ist, daß die Signale der Körpersprache in der Beziehung zwischen Frauen und Männern die Männer häufig zu nicht gerechtfertigten Annahmen verleiten. Trainieren Sie deshalb ganz gezielt abweisende Körperhaltungen und ,,vernichtende" Blicke. Diese eindeutigen Körpersignale entmutigen ,,auf den ersten Blick".

Wie bewältige ich Streß?

Das Wort Streß ist uns so geläufig, daß die meisten zu glauben wissen, was Streß ist. Im täglichen Leben ist Streß ein oft zu hörender Begriff, wenn sich in privater oder beruflicher Hinsicht Probleme auftun.

Sicher gibt es unterschiedlichen Streß und unterschiedliche Streßdosierungen. Und es ist auch unbestritten, daß die Stressoren (Umstände und Ereignisse, die Streß auslösen) individuell sind und dementsprechend individuell empfunden werden.

Unsere Gesellschaft lebt in einer Welt voller Streß, wobei ein gewisses Maß an Anspannung (positiver Streß oder Eustreß) für unseren Organismus nicht schädlich ist und ihn überhaupt in Schwung hält. Nur wenn die Anspannung so groß wird, daß wir glauben, damit nicht mehr fertig zu werden, fühlen wir uns schlecht und werden bei längerer Streßdauer sogar krank. Ein bekannter Exponent der Streßforschung, Dr. Hans Selye, hat einmal gesagt: ,,Ohne Streß gibt es kein Leben. Streßfreiheit bedeutet den Tod". Hiermit meint er natürlich jeden Reiz, der auf unseren Organismus einströmt. Unsere Reaktion auf Streß ermöglicht es uns, Neues zu probieren und den verschiedensten Situationen und Erlebnissen im Leben zu begegnen. Anstatt dem Streß auszuweichen, müssen wir deshalb versuchen, unnötige Stressoren zu vermeiden und unsere physiologische Reaktion auf sie zu reduzieren. Wir müssen lernen, unsere Energie zielgerichtet einzusetzen. Streßbewältigung trägt auch zur Steigerung des Selbstbewußtseins bei. Wir fühlen uns dann sicherer und erleichtert, wenn wir unsere Probleme durch einen Lösungsprozeß zu bewältigen versuchen.

Streß und seine Kontrolle

Wenn Sie die Ereignisse in Ihrem Leben einigermaßen steuern können, wirkt sich das als Streßbremse aus. Streß wird aber auch dann geringer, wenn Sie erkennen, was nicht in Ihrer Macht liegt, und das akzeptieren. Gewöhnlich braucht man eine Mischung verschiedener Strategien, um mit größerem Streß fertig zu werden. Folgende drei Grundmaßnahmen können hilfreich sein:

1. Schauen Sie voraus und planen Sie entsprechend – das ist ein gutes Mittel, um mit Druck fertig zu werden, der aus der Anhäufung vorhersehbarer Belastungen erwächst.

2. Sprechen Sie über Probleme – das ist besonders nützlich bei häufigen Streitereien und Mißverständnissen. Gerade partnerschaftliche Auseinandersetzungen, die unkonstruktiv sind, nützen nichts und setzen die Streßbelastung nur fort. Streitigkeiten, die zur Lösung von Problemen führen, sind im Gegensatz dazu die Belastung wert, die sie momentan bedeuten.

3. Suchen Sie den Rat einer Psychologin oder Therapeutin – das hilft dann, wenn Sie alleine mit Ihren Problemen nicht mehr fertig werden, aber genau wissen, daß etwas geschehen muß.

Besonders wichtig ist der obengenannte zweite Punkt: das Gespräch. Jeder kennt sie, die Hemmungen und Unsicherheiten, die Frage, wie fange ich ein Konfliktgespräch an, wie reagiert der andere darauf? Hier ist es hilfreich, wenn wir zuweilen unseren Egoismus mehr herausstellen und unsere Vorstellungen und Wünsche möglichst sachlich klar präzisieren.

Der Streßmechanismus

Der Biochemiker Frederic Vester erklärt die biologische Reaktion auf bestimmte Wahrnehmungsreize als einen im Menschen „eingebauten" Verteidigungsmechanismus. Er soll in Sekundenschnelle alle Energiereserven für eine extreme Muskelleistung mobilisieren und dient so zur blitzschnellen Vorbereitung zur Flucht oder zum Angriff. Auslöser sind dabei ganz bestimmte Alarmsignale aus der Umwelt, rasche Bewegungen, ungewöhnliche Geräusche, Schmerz oder der plötzliche Anblick eines Feindes. In all diesen Fällen ist ein biologisch verankerter Mechanismus am Werk, der seit langem tief in uns, in den vorgeschichtlichen Menschen, den Jäger und Sammler einprogrammiert ist.

Eine Streßreaktion ist leicht erkennbar: Beschleunigung

von Puls und Atmung, Pupillenerweiterung und Hautblässe. Im Gesichtsausdruck, in der Haltung und im ganzen Gehabe spiegeln sich Spannung, Angst oder auch Angriffslust wider.

Einige weitere Veränderungen, die durch Messungen im Labor bestimmt wurden, sind uns inzwischen vertraut: der Anstieg von Milchsäure, Fett- und Zuckerwerten im Blut, die Erhöhung der Blutgerinnungsfaktoren, die Herabsetzung des Hautwiderstandes und nicht zuletzt die Ausschüttung des Fluchthormons Adrenalin und des Aggressionshormons Noradrenalin, die mit den oft gleichzeitig vorhandenen Angst- und Wutgefühlen einhergehen.

Um zu verhindern, daß die lebensrettende Mobilmachung der Körperreserven, insbesondere aber die Flucht- und Angriffsreaktion, nicht unnötig durch rationale Leistungen verzögert wird, kommt es in Notsituationen zu einer Denkblockade, zumindest aber zu einer Beeinträchtigung der rationalen Fähigkeiten.

Wer von einer Streßsituation, etwa einer Auseinandersetzung, nicht völlig unvorbereitet überrascht wird, wird jedoch in der Lage sein, seine geistigen Fähigkeiten einzusetzen und in der Regel nicht völlig kopflos reagieren.

Die Reaktion besteht in einer Aktivierung des Körpers auf seinen drei Verhaltensebenen.

emotional/kognitiv
Wut, Angst, Denkblockade, Konzentrationsschwäche

vegetativ
Schweißausbruch, Übelkeit, Magendruck, Herzklopfen

muskulär
Verspannung, Zittern, Verkrampfung, Rückenschmerzen, Bruxismus (häufiges Zähneknirschen)

Eine Reaktion tritt dann auf, wenn die Anforderungen den oberen Bereich der persönlichen Leistungsfähigkeit des Individuums erreichen.

Die richtige Einstellung

Oft machen wir uns die Dinge selbst schwer, indem wir schon mit einer negativen Einstellung an Probleme oder Situationen herangehen. Aussprüche, die wir alle kennen, werden zu sich selbst erfüllenden Prophezeiungen: „Das schaffe ich nie.“ – „Ich komme nicht damit zurecht.“

Was soll man bei einem Höchstmaß an Streß tun?

- Glauben Sie an sich selbst! Die Einstellung beeinflußt unsere Wahrnehmung.
- Setzen Sie Prioritäten: Was ist am wichtigsten, was steht an zweiter Stelle, was kommt danach?
- Überdenken Sie Ihre Hilfsmittel.
- Bleiben Sie möglichst ruhig. Unkontrollierbare Angst verursacht Denkblockaden, die tödlich sein können!

Es gibt verschiedene Wege, um das Streßproblem anzupacken. Auch wenn Ihre körperliche Streßreaktion automatisch abläuft, so können Sie doch lernen, diese zu beeinflussen beziehungsweise zu reduzieren. Auf diese Weise kann Ihr Gefühlszustand Sie viel weniger beeinträchtigen. Richtige Streßbewältigung im Alltag ist die Voraussetzung dafür, in einer Notsituation nicht den Kopf zu verlieren:

- Wenn Sie unter Streß stehen, hilft oft ein kurzes Abwenden und tiefes Durchatmen beziehungsweise ein darauffolgendes Ausatmen. Viele Menschen atmen unter Druck falsch. Wir machen die schnellen, flachen Atemzüge der Kampf- oder Fluchtreaktion. Manche Menschen halten sogar den Atem an. Dieses „Durchatmen" nennt man auch Spontanentspannung.
- Gut dosierter Ausdauersport (Jogging, Schwimmen, Radfahren, Wandern und Hanteltraining) baut den Streßpegel rasch ab. Dabei kommt es zu einer Umstellung des vegetativen Nervensystems. Wir reagieren dann gelassener auf Streßreize. Auch mit fast allen anderen Sportarten ist ein Abbau des Streßpegels möglich.

- Wenn Sie Ärger am Arbeitsplatz haben, lassen Sie ihn am Ort des Geschehens zurück, und gehen Sie zu einem befreundeten Mitarbeiter. Auch eine Firmenkantine ist ein Ort, den Sie aufsuchen können, um sich kurzfristig äußerlich abzulenken.
- Eine weitere Möglichkeit der Streßbewältigung bieten Entspannungstechniken oder das Autogene Training. Autogenes Training gehört zu den Techniken konzentrativer Selbstentspannung. Durch Selbstsuggestion wird eine direkte Beeinflussung des vegetativen Nervensystems erreicht. Diese Selbstsuggestion erfolgt durch intensive, gefühlsbetonte Vorstellungen, die sich auf die Funktion des vegetativen Nervensystems beziehen und eine gesamtorganische Ruhigstellung bewirken.
- Frustrationen und andere belastende Situationen, die uns bedrängen, uns gleichsam „zu nahe kommen", erzeugen Streß und Aggressionen. Abstand zu den Problemen eröffnet neue Sichtweisen und erschließt neue Perspektiven. Selbsterkenntnis und Arbeit an sich selbst bleiben einem dabei natürlich nicht erspart.

Was ist Angst, und wie gehe ich mit ihr um?

Angst gehört zu unserem Leben; sie beeinflußt unsere Handlungen, „deformiert" die Gedanken und prägt unseren Charakter. Niemand kann von sich behaupten, bisher ein völlig angstfreies Leben geführt zu haben.

Das deutsche Wort „Angst" hat sowohl einen griechischen („angschei“ = würgen) als auch einen lateinischen („angustus“ = eng) Ursprung. Beide Begriffe zielen auf das äußerst unangenehme Gefühl der Beengtheit hin.

Angst bedeutet aber nicht nur etwas Negatives, Bedrückung, Sorge oder Leid. Die Angst erfüllt auch bei uns Menschen eine lebensnotwendige Funktion, indem sie vor tatsächlichen oder möglichen Gefahren warnt und zur Vorsicht mahnt. In diesem Zusammenhang kann Angst ungeahnte Kräfte durch biologisch-chemische Vorgänge im Körper freisetzen.

Die wesentlichen Merkmale der Angst beim Menschen lassen sich als ein spannungsreiches, beklemmendes, unangenehmes, bedrückendes oder quälendes Gefühl beschreiben. Wir kennen außerdem noch Veränderungen im Körper, die sich als „mulmiges“ Gefühl in der Magengegend, als Verdauungsbeschwerden, Herzpochen, Gänsehaut, Schaudern, Händezittern, Atembeschleunigung, Erbleichen, Erröten und Schweißausbrüche äußern. Derartige Körperveränderungen werden vom vegetativen Nervensystem gesteuert. Sie entziehen sich weitgehend jeder bewußten Kontrolle.

Dazu kennen wir noch einige klassische Ausdrucksmerkmale der Angst wie weitgeöffnete Augen, leicht geöffneter Mund, Zittern der Hände, relativ starre Körperhaltung oder fahrige Bewegungen. Die Verbindung zwischen auslösenden Situationen und Reaktionen sind durch Instinkte festgefügt, entsprechen also einem festgelegten biologischem Programm.

Es ist uns Menschen vorbehalten, Gefahrensignale auch dann im Sinne der Angst zu interpretieren, wenn keinerlei Anzeichen für objektive Gefahren oder Hinweise auf bevorstehende physische Bedrohungen in der Umwelt erkennbar sind. Angst kann dann ein Signal dafür sein, sich mit gewissen Dingen konkreter auseinanderzusetzen, sich ihnen zu stellen, anstatt ihnen auszuweichen.

Wenn Sie zum Beipiel in einem Aufzug allein mit einem Unbekannten, beim Durchqueren eines Parks oder vis-à-vis einem fremden Mann grundsätzlich Angst vor einem Angriff überkommt, sollten Sie darin eine (meist unbewußte) Aufforderung sehen, sich mit Ihrer Persönlichkeit auseinanderzusetzen.

Fragen Sie sich selbst: Warum sollte man Ihnen etwas antun? Sind Sie sich bewußt, daß Sie sich tagtäglich allgemeinen Gefahren aussetzen? Mit diesen Gefahren können Sie leben. Ausgerechnet ein Mann soll Ihnen etwas anhaben? Sie haben sicher schon gelesen, daß es zwischen Opfer und Täter eine wechselseitige ,,Anziehung" gibt. Wenn Sie sich nicht von vorneherein als Opfer fühlen, ist ein potentieller Täter oft gar nicht sensibilisiert für Sie.

Wenn Sie auf die Ereignisse des täglichen Lebens, die einen möglichen Angriff in sich bergen, ängstlich reagieren, nimmt die Angst allmählich Besitz von Ihnen und bestimmt Ihren Lebensablauf. Dann vermeiden Sie von vorneherein, sich in angstauslösende Situationen zu begeben. Sie engen Ihr Leben ein, die Angst ,,lähmt" Sie und prädestiniert Sie zum Opfer. Was also tun?

Lernen Sie, sich Ihren Ängsten nicht auszuliefern – leben Sie mit Ihnen. Das heißt, daß Sie sich Angst bewußtmachen sollten. Überlegen Sie, wovor Sie Angst haben, ob diese Angst berechtigt oder in Ihren Gedanken überhöht ist. Sie können an einem Selbstverteidigungskurs teilnehmen und damit vielleicht in kleinen Schritten Ihre Angst abbauen. Führen Sie Gespräche mit Freunden, die Ihnen zuhören und Sie beim Angstabbau bestärken.

Sobald Sie sich bemühen, in diesen Punkten etwas für sich zu tun – und sei es vorerst nur gedanklich und erst später in kleinen konkreten Schritten –, wird die Angst zu einer Kraft, die Ihr Leben positiv verändert.

Folgende Punkte können Ihnen beim gezielten Angstabbau helfen:

- Bitten Sie eine Person, der Sie vertrauen, Sie abends etwa nach Konzertbesuchen abzuholen.
- Besuchen Sie einen Selbstverteidigungskurs und/oder einen Kurs zur Stärkung Ihres Selbstbewußtseins.
- Gehen Sie potentiell gefährliche Situationen immer wieder in Gedanken durch. Üben Sie dabei mental die Abwehrtechniken, die Sie auf den Seiten 110 bis 130 in diesem Buch finden.
- Bestellen Sie sich ein Taxi mit weiblicher Fahrerin. Die Taxiunternehmen sind in der Regel sehr kooperativ.
- Setzen Sie sich mit den Ursachen für Ihre Angst auseinander. Gehen Sie zu einer Therapeutin, wenn Sie merken, daß Ihre Ängste übermächtig geworden sind.
- Wenden Sie die Techniken der Positiven Selbstinstruktion an, die ich Ihnen im folgenden vorstellen möchte.

Die positive Selbstinstruktion

Der Begriff „Positive Selbstinstruktion“ kommt aus der Streßlehre und ist mit dem Begriff „Mentales Training“

verbunden. Indem man sich selbst Instruktionen gibt, die positiven Charakter haben, kann man sein Handeln bewußter und sicherer gestalten. Das heißt, daß man gefahrvolle Situationen gedanklich bewältigt. Dieser Vorgang kann dazu führen, daß man sich über bestimmte Gefahren im Vorfeld im klaren ist. Weiterhin kann durch die Positive Selbstinstruktion das Erregungsniveau relativ niedrig und kontrolliert gehalten werden. Der Grad des Erregungsniveaus ist sicher auch für die sogenannte „Schrecksekunde" bei einem Angriff mitverantwortlich. Von dieser Schrecksekunde bei einem überraschenden Angriff kann die gesamte Abwehrhandlung abhängen. Es ist also möglich, durch positive Selbstinstruktion die Reaktionszeit zu verkürzen, Wahrnehmungsverzerrungen zu mindern und sich somit handlungssicherer zu machen.

Deshalb sollte jeder, der sich mit Selbstverteidigungsmaßnahmen beschäftigt, sein Reaktionsvermögen mittrainieren (etwa durch Rollenspiele), um im entscheidenden Moment keine wertvolle Zeit zu verlieren.

Mit positiver Selbstinstruktion sind auch systematisch eingesetzte Gedanken gemeint, die die Selbstmotivation oder die Relativierung der Situation zum Inhalt haben können.

Das packe ich! Ich bin vorbereitet! Ich hab' schon anderes geschafft! Jetzt bin ich ganz konzentriert! Ich bleibe ruhig!

Hoffentlich geht das gut.
Das mußte ja so kommen

Das schaffe ich schon
Gut ge-macht!

5. Aspekte der Gewalt im Berufs- und Privatleben

Ist Pornographie Gewalt?

Wenn man über sexuell bedingte Gewalttaten des Mannes spricht, muß man im gleichen Atemzug von der sexuellen Krise des Mannes in der Beziehung zur Frau sprechen.

Diese Krise kommt nicht aus dem Körperlichen und Vitalen, sie kommt vorwiegend aus dem Bereich des Bewußten und des Unbewußten, und sie betrifft die bewußte und unbewußte Willensbildung.

Äußerliche Anzeichen wie die ,,große Sexwelle" führten zu pausenlosem Konsumrausch auf diesem Gebiet und waren sicherlich erste Anzeichen für den gestörten Eros des Mannes. Unsere Gesellschaft, so muß man mit Bedenken feststellen, wird heute mehr denn je von sexuellen Reizmitteln manipuliert.

Es sind eindeutig immer Attribute des weiblichen Körpers, die die Männerwelt ansprechen sollen. Der bildhafte Ausdruck der ,,Sexwelle" wird eindeutig durch die Darstellung des weiblichen Körpers bestimmt. Kennzeichnend ist die immer stärkere Entblößung jener weiblichen Körperteile, die besonderen Sexualreiz auslösen. Die Nacktheit der Frau ist das Thema, nicht oder nur in geringem Maße die Nacktheit des Mannes!

Es gibt mittlerweile natürlich auch Zeitschriften, die den nackten männlichen Körper zeigen. Auch die Werbung will da nicht zurückstehen und zeigt männliche Reizwäsche, doch bleiben die Anzeigen bescheiden im Hintergrund. Sie scheinen auch längst nicht die anregende Wirkung auf Frauen auszuüben wie es umgekehrt der Fall ist. Anscheinend läßt sich die Männergesellschaft besser manipulieren und stimulieren.

Was seit einigen Jahren in diversen Kinos, Sexshops und auf Videos in dieser Richtung gezeigt wird, ist eine Lusthymne für Sexualmachos und hat mit individueller Freizügigkeit wenig zu tun.

Ein Lexikon definierte Pornographie so: „Darstellung sexueller Vorgänge in grob aufdringlicher Weise unter Ausklammerung aller sonstigen menschlichen Bezüge mit der Tendenz, den Menschen als bloßes Objekt sexueller Begierde zu sehen."*

Formell wird vielfach noch unterschieden zwischen „normaler" Pornographie oder „Soft"-Pornographie und der sogenannten „harten" Pornographie, die eigentlich in vollem Umfang strafbar ist, wobei sich unsere Rechtsprechung allerdings schwer tut. Fest steht, daß Pornographie in erster Linie für Männer da ist, denn es geht um deren Spaß und Befriedigung, für die die Hersteller ihre Phantasie enorm strapazieren.

Die Gefahren der Pornographie liegen darin, daß sie nicht nur die gesellschaftlichen Zustände verfestigt, sondern daß sie auch Menschen manipuliert. Darum werden Männer oft Opfer künstlich produzierter Bedürfnisse. Charakteristisch ist an der Pornographie die Vorstellung von der unerschöpflichen Geschlechtskraft des Mannes, der außerdem in die Rolle des Siegers gedrängt wird. Also muß

* Großes modernes Lexikon, Gütersloh 1985, Bd. 9, S. 320

es auch einen Verlierer oder „Besiegten" geben, und das ist meistens die Frau. Das widerspricht nicht der Ausnahme, in der der Mann in der Pornographie auch der „Erdulder" ist.

Die oftmals vorkommende Gewalt ist als Reizmittel anzusehen. Das Schlimme ist, daß Pornographie den Männern vorgaukelt, daß die gewaltsame und abartige sexuelle Begierde und Befriedigung von der Frau gewünscht wird. Äußerungen wie „die braucht das" oder „ich besorg's ihr" zeigen doch die angeblich „natürliche" Rollenverteilung zwischen dem Lustobjekt Frau und dem potenten oder perversen Aggressor.

Viele Hersteller von Pornographie wollen uns einbleuen, daß das die reale, heile Welt sei, weil die Menschen so gezeigt würden, wie sie wirklich sexuell denken, fühlen und handeln. Ich glaube, hier irren sie gewaltig, denn sie bauen sich eine Scheinwelt auf, die die große sexuelle Freiheit verspricht, aber eine geistige und demzufolge körperliche Manipulation nach sich zieht.

Ich möchte nicht leugnen, daß Pornographie in Einzelfällen auch „gut" sein kann, weil sie als „Ventil" dient. Die Eskalation ist aber oft vorprogrammiert, wenn Männer durch Pornographie (egal, ob frei oder unfrei in der Darstellung) derart stimuliert werden, daß es für sie eine normale Befriedigung ist, eine Frau zu quälen, in dem sie von ihr sexuelle Praktiken verlangen, die für die Frau abstoßend und gegen ihre natürliche Empfindung sind. Schlimmer noch, sie wird oft mit Wohlwollen schmerzgepeinigt gesehen.

Viele Männer vergessen, daß die Scham der Frau eine natürliche Schutzfunktion übernimmt und sie davor bewahrt, ihre „Persönlichkeit" zu verlieren. Pornographie kennt keine Scham und will alle Schranken für die sexuelle Freiheit einreißen.

Bestrebungen der Frauenbewegung dagegen Sturm zu laufen, etwa durch Aktionen wie Stürmen und Beschädigen von Sexshops, bewirken nicht viel und dienen nur der persönlichen Genugtuung. Meines Erachtens helfen nur tiefgreifende Veränderungen in der Gesellschaft, die durch Erziehung, Auseinandersetzung mit dem Thema Sexualität und durch eine von Humanität geprägte Beziehung der Geschlechter untereinander bewirkt werden könnten. Umgehen mit Pornographie heißt für Frauen, Einfluß nehmen auf Gespräche, Meinungen, Entwicklungen in der Gesellschaft, heißt aber auch, mit ihr in einem individuellen Toleranzbereich leben.

Belästigung am Arbeitsplatz

Obwohl Gewalt und Aggressionen gegen Frauen mittlerweile ins öffentliche Bewußtsein gedrungen sind, ist die „alltägliche" Belästigung von Frauen am Arbeitsplatz für viele kein Thema. Männer nehmen sie nicht wahr, da es für sie eine noch „normale" Kommunikation darstellt.

In Gesprächen mit Frauen stellte ich fest, daß die meisten Frauen ihre Energie und Konzentration auf die Arbeit richten und Belästigungen durch männliche Kollegen bewußt nur am Rande wahrnehmen. Kann man als Frau aber die Tatsache des Geschlechts aus dem Arbeitsalltag heraushalten? Meistens ziehen die männlichen Mitarbeiter da nicht mit. Viele Frauen schweigen, betrachten es vielleicht als Tabu – doch kaum eine hat die Erfahrung der Belästigung noch nicht gemacht.

Welche Frau kennt sie nicht, die sogenannten Männerwitze, bei denen sie oft aus Gründen der Abteilungskollegialität „mitlacht". Dieses Verhalten setzt sich fort mit anzüglichen Blicken, unaufgeforderten Kommentaren über Kleidung oder Aussehen, vorsätzlich schlechter Behandlung, Zurschaustellen anstößiger pornographischer Bilder bis hin zu unerwünschtem körperlichem Kontakt oder gar tätlichen Angriffen.

Ich glaube, daß viele Männer den Widerstand der Frauen verstehen und akzeptieren, wiewohl sie aber in ironischen Kommentaren durchblicken lassen, daß das veränderte Selbstverständnis von Frauen zum Teil nicht ihrem „Frauenbild" entspricht. Denn dieses Frauenbild sieht eine adrette, charmante, einfühlsame Kollegin oder Mitarbeiterin vor, die ihre Interessen nicht zu laut kundtun darf und diese kleinen „Späße" vertragen sollte. Denn im Grunde ihres Herzens, so denken immer noch viele Männer, denkt die Frau doch genauso wie sie.

Hier ist in erster Linie die (Männer-)Gesellschaft gefordert, die die Gleichberechtigung, Würde und Selbstbestimmung der Frau zwar gesetzlich festgeschrieben hat, die in der Realität des Alltags jedoch noch immer große Schwierigkeiten mit der Integrität der Frau hat.

Mittlerweile hat der Widerstand der Frauen zum Teil solche (leider erforderlichen) Ausmaße angenommen, daß in vielen Städten und Ländern Beratungsstellen für die Gleichbehandlung der Frau am Arbeitsplatz eingerichtet wurden. Es gehen auch heute mehr Frauen wegen grober sexueller Belästigung vor Gericht, wie die Zentralstellen für Frauenangelegenheiten immer wieder betonen.

Wie bedrohlich eine Belästigung im Betrieb werden kann, zeigt die Klage einer Frankfurter Rechtsanwältin. Während ihres Studiums arbeitete sie als Aushilfskraft im Büro eines Rechtsanwalts. Alle Annäherungsversuche wies sie zurück. Gegen ihren Willen habe der Rechtsanwalt sie schließlich in sein neben dem Büro gelegenes Schlafzimmer gedrängt und sie vergewaltigt.

Wo Frauen und Männer zusammenarbeiten, wird es immer Konflikte im zwischenmenschlichen Bereich geben. Man sollte aber schon trennen zwischen persönlichen Beziehungen am Arbeitsplatz, die von zwei Seiten ausgehen, und sexueller Belästigung bei der sich eine Person (in der Regel der Mann) in diskriminierender und verletzender Weise aufdrängt.

Einige Männer, besonders die jungen, versuchen umzudenken und beziehen auch einmal Stellung für die Frauen. Bei vielen anderen wäre es sicher wünschenswert, wenn sie ihr Solidaritätsbewußtsein für ihre Geschlechtsgenossen ablegen würden und die Verhaltensmuster einiger Männer offen ansprechen.

Der Vollständigkeit halber lassen Sie mich hier auch die umgekehrte Belästigung erwähnen. Die Kriminalstatistiken der Länder weisen in jedem Jahr etliche Fälle der Männerbelästigung bis hin zur Vergewaltigung des Mannes aus. Diese Zahlen stehen jedoch in keinem Verhältnis zu den Straftaten gegen Frauen.

In fast jeder sexuellen Belästigung liegt eine eindeutige Machtdemonstration, die es bewußt oder unbewußt darauf anlegt, ihr Opfer hilflos zu sehen und diese Hilflosigkeit auch auszunutzen. Die Erniedrigte ist unter den gegenwärtigen sozialen Machtbeziehungen überwiegend eine Frau, der Belästiger fast immer ein Mann. Auch wenn nicht immer der direkte Vorgesetzte der Belästiger ist: In der hierarchischen Zuordnug von Frauen als Sekretärinnen und Assistentinnen wird bereits ersichtlich, wer den gesellschaftlichen „Zugriff" hat!

Es lassen sich sicher nicht alle Belästigungssituationen damit erklären, daß sie nur spaßeshalber gemeint sind und nichts mit Sexualität zu tun hätten. Viele Männer tragen ihr erlerntes Erobererverhalten in den Betrieb und reagieren völlig unsensibel auf die Abwehr der betroffenen Frau.

Busengrapschen, dem Kollegen an die Hoden fassen, eine Anstellung davon abhängig machen, ob die Frau sexuell zugänglich ist oder die mit materiellen Vergünstigungen erkaufte Sexualität läßt sich dagegen nicht mehr mit männlichem Erobererverhalten interpretieren. Hat dieses Verhalten doch mehr mit Machtmißbrauch zu tun, in dem der Lustgewinn in der Machtausübung, in der Demütigung des Opfers liegt. Dahinter steht auch der Versuch, auszuloten, wie weit sich die Frau treiben läßt – ein gefährliches Spiel mit den Gefühlen anderer Menschen.

Frauen sagen sicher zu Recht, daß viele Männer noch eine erstaunliche Unreife zeigen, in der Entwicklung der zwischenmenschlichen Beziehungen stehengeblieben sind und gefühlsmäßig Oberflächendenker sind. Die Männerwelt wird derartige Aussagen wohl nicht akzeptieren, doch ist dies nicht unbedingt ein falsches Bild der Männer in unserer Gesellschaft.

Firmenverhalten ist das Verhalten einer (Miniatur-)Gesellschaft, deren Mitgliedern es im einen Extrem ums Gewinnen und im anderen ums reine Überleben geht. Die jeweilige Position im Verhältnis zu den beiden Extremen definiert meist den Status des Mitglieds.

Für Männer kann eine Freundschaft im Betrieb das angenehme Ergebnis einer Interaktion sein, während sie für Frauen oft eine Voraussetzung für diese Interaktion ist.

Frauen bringen die Verhaltensweisen einer anderen Gesellschaft mit, deren Mitgliedern es um das Aufrechterhalten von Beziehungen geht, weil Beziehungen die eigene Person am unmittelbarsten definieren. Beziehungen sind für Frauen meist ein Selbstzweck, und in der traditionellen weiblichen Erfahrung gibt es kaum etwas, was dem widerspricht. Aus diesem Grund (und ohne es zu wissen) tappen Frauen so oft in die Falle des „Überemotionalismus“.

Wenn eine Frau ohne weiteres Nachdenken davon ausgeht, die Qualität ihrer Beziehungen sei ihre oberste Priorität – und wenn sie danach handelt –, wenn sie dazu neigt, keine konkreten Karriereziele zu haben, wenn sie ihre Energie infolgedessen auf das richtet, was sie im Augenblick leistet, ohne die informellen Zwänge zu beachten, die das Vorankommen beeinflussen, dann ist die Chance sehr gering, daß es ihr gelingt, sich dadurch von den momentanen Schwierigkeiten in der Firma zu distanzieren. Sie wird sie kaum als gegenwärtigen Preis für eine künftige Karriere ansehen. Die Chance, daß andere, nämlich Männer, wenigstens den Eindruck gewinnen, sie handle so, als wolle sie Karriere machen, ist nicht viel größer.

Alle diese Unterschiede in der Geisteshaltung und Denkweise laufen übrigens auf ein Image hinaus – ein Image, das viele Frauen in leitenden Positionen unbewußt auf die Männer ausstrahlen, mit denen sie arbeiten.

Eine außerordentlich tüchtige Frau stellt oft eine Beziehung zu einem Mann her – ob Vorgesetzter, Kollege oder Mitarbeiter –, der ihre Existenzberechtigung als Führungskraft in Frage stellt. Vielleicht bemüht er sich systematisch, die Beziehung in das traditionelle Rollenklischee männlich-weiblich zu zwängen. Er ist „Anführer", sie ist Helferin. Sie ist eine Frau, aber keine Führungskraft. In so einem Fall befolgt sie am besten die Taktik, die Beziehung wieder auf die Arbeit zu konzentrieren, die getan werden muß.

Die Suche nach einem effektiven Stil, der weder als zu „maskulin" (grob, hart, aggressiv, unweiblich) noch als zu „feminin" (nicht hart genug, überemotional, zu zögernd, initiativenarm) empfunden wird, ist für Frauen in Männerteams das Problem Nummer eins.

Wieviel Unsicherheit werden Sie als Frau ausstrahlen? Oft wartet man nur darauf, „Schwachpunkte" zu erkennen. Wie ist das mit Ihren Gefühlen? Zeigen Sie zuviel davon, geht man meistens nicht auf Sie ein.

Eine Frau, die zum erstenmal beruflich in eine Männergruppe eintritt, denkt an Status, Anerkennung, Einfluß, Kollegialität. Ist es wirklich so, daß die Gesellschaft uns den größten Teil unseres Lebens zu verstehen gibt, Männer und Frauen hätten einen ungleichen Status? Ist es wirklich so, daß damit nicht nur der soziale Status, sondern auch das vielschichtige Problem des sexuellen Status angesprochen wird? Liegt darin eine Herausforderung des Status der Männlichkeit selbst – ob sexuell, sozial oder intellektuell?

Denn die Männer werden „die Neue" testen, und zwar

in allen drei Bereichen, dem intellektuellen, dem sozialen und dem eindeutig geschlechtsbezogenen. Man wird genau aufpassen, wie Sie reagieren und ob Sie in traditionelle Rollenklischees verpackbar sind. Man wird unter Umständen gewisse Spielchen mit Ihnen machen. Spielen Sie nicht mit! Versuchen Sie sachlich zu bleiben, denn so entziehen Sie den diversen „Tests" den Nährboden.

Der Kampf der Frauen gegen die Vorherrschaft der Männer kann nur dann zu einer Vermenschlichung der Gesellschaft führen, wenn er zugleich gegen eine Vorherrschaft der „Männlichkeit" geführt wird.

Die Beziehung zwischen Frauenemanzipation und Fortschritt zur Gleichbehandlung und Wegfall der Diskriminierungen am Arbeitsplatz ist jedenfalls nicht mehr in dem Sinne vorstellbar, daß erstere nur einseitig von der zweiten abhängt. Man muß die Beziehung sicher auch umgekehrt sehen: Nur unter dem gleichberechtigten Einfluß der Frauen und in maßgeblicher Orientierung an einer Lebensperspektive sind die Arbeitsbedingungen und Lebensqualität zu erkämpfen, die eine „menschliche" Gesellschaft auszuzeichnen haben.

In dieser Hinsicht bedeutet Emanzipation also keineswegs, daß die Frauen einen Vorsprung der Männer aufzuholen haben, sondern daß umgekehrt die Männer einen eigenen Rückstand abbauen müssen. Die Kehrseite ihrer überlegenen Machtposition in vielen Bereichen der Berufswelt ist ihr eklatantes Minus an Humanität. Sie bedürfen oft erst der Hilfe der Frauen, um ihr eigenes beängstigend angewachsenes Defizit an seelisch-emotionaler Reife zu reduzieren. Auf diesem Weg zu einer besseren Verständigung zwischen den Geschlechtern hat in unserer Industriegesellschaft der Mann mehr Boden gutzumachen als die Frau.

Strategie am Arbeitsplatz

Es ist nicht nur die Belästigung, sondern es ist die eindeutig sexuelle Belästigung am Arbeitsplatz, die noch immer tabuisiert wird. Obwohl das Thema in den Massenmedien mit ziemlicher Regelmäßigkeit, besonders in Frauenzeitschriften, auftaucht, wäre es wünschenswert, wenn es auch einmal in den einschlägigen Männerzeitschriften auftauchte. Denn es ist nicht zu leugnen, daß es für viele Frauen ein Spießrutenlaufen ist, wenn sie sich gegen Übergriffe und sexuelle Belästigungen zur Wehr setzen.

Das Eingeständnis, am eigenen Arbeitsplatz unsicher zu sein, heißt, daß sich die Frauen ihre existentielle Gefährdung täglich vor Augen führen müssen. Zur direkten körperlichen Bedrohung kommt die Angst um den Arbeitsplatz. Ist es nicht erschreckend, wenn in den letzten Jahren circa 180 000 Frauen ihren Arbeitsplatz wegen sexueller Belästigung verloren haben?

In der Diskussion um derartige Arbeitsplatzverluste wird oft von falschen Voraussetzungen ausgegangen, da vielfach angenommen wird, daß die Frauen eine bessere Stelle gefunden haben beziehungsweise sie sich doch mehr um Familie und Kind kümmern wollen. Die wahren Hintergründe für eine Aufgabe der Tätigkeit oder für einen Wechsel werden oft verschwiegen.

Fest steht, daß die sexuelle Belästigung, die den Austritt aus dem Beschäftigungsverhältnis nach sich zieht, viele, nicht nur psychische, sondern vor allem auch finanzielle Konsequenzen hat.

Wie soll man sich als Frau gegenüber Belästigern verhalten? Um die sexuellen (und darum geht es ja meistens)

Belästigungen einzudämmen, haben Staat, Gewerkschaften und Arbeitgeber Maßnahmen getroffen. Doch wie kann eine Frau zunächst persönlich oder direkt reagieren?

Die hier vorgestellten „Strategien" erheben keinen Anspruch auf Vollzähligkeit, sie können jedoch helfen, Frauen zu ermuntern, Belästigungen nicht „sprachlos" gegenüberzustehen.

- Versuchen Sie, mehr Selbstbewußtsein aufzubauen.
- Demonstrieren Sie Selbstbewußtsein.
- Stellen Sie deutlich und laut heraus, was Ihnen nicht paßt. Manche Frauen verlassen einfach den Raum, dies jedoch wird von den anwesenden Männern als „schwächlicher Rückzug" verstanden und schützt vor weiteren Belästigungen nicht!
- Machen Sie sich Notizen von dem, was der Mann zu Ihnen sagte. Es könnte bei einem späteren Verfahren von Bedeutung sein. Diese Notizen sind zwar kein Beweismittel, aber sie helfen Ihrem Gedächtnis. Notieren Sie vorhandene Zeugen des Vorfalls.
- Wenn man nicht eine persönliche Unterredung will, kann man auch einen Brief schreiben. Manche Menschen können sich so besser mitteilen. Der Inhalt sollte bestimmt und sachlich sein.
- Bei körperlichen Attacken sollten Frauen sich auch körperlich wehren. Sie haben mehr Kraft, als Sie sich vielleicht zutrauen. Dazu mehr ab Seite 110.
- Eine andere Möglichkeit ist, die Öffentlichkeit zu suchen, eine inner- oder außerbetriebliche. Unter Umstän-

den wird frau feststellen, daß es noch mehr Frauen in der Firma/Behörde gibt, die ähnliches erlebt haben. Mit außerbetrieblicher Öffentlichkeit ist eine Vertrauensperson gemeint, mit der man den Vorfall und auch die ins Kalkül gefaßten nächsten Schritte bespricht.

– Wenden Sie sich an Ihre(n) Vorgesetzte(n).

Wichtig sind für jede Frau ihre persönlichen Abwehrstrategien, mit denen sie ihr Selbstbild untermauert. Individuelle Abwehrformen oder -reaktionen lassen sich auch in einer Gruppe, in einem Rollenspiel erlernen; sicher sind sie dann überzeugender im Ernstfall einzusetzen.

Der Flirt mit dem Chef

Sie kennen alle die mehr oder weniger boshaft gemeinte Bemerkung, eine Frau habe sich durch Schöne-Augen-Machen und stete Verfügbarkeit hochgearbeitet. Was ist an solchen Aussagen wahr und was nicht? Bezeichnungen wie „Vorstandshure“ oder „Chefmatratze“ sind nicht aus der Luft gegriffen. Sie wurden (und werden) Frauen immer wieder an den Kopf geworfen.

Zweifellos muß jede Frau für sich entscheiden, wie und wem sie ihre Gunst schenkt. Trotz der etwas anders gelagerten Umstände besteht auch hier ein Bezug zum Thema.

Wird nicht dem Mann als Mitarbeiter oder Vorgesetzten durch Liebeleien in der Firma suggeriert „Du kannst einiges bei mir erreichen, nur eine Gegenleistung hätte ich gerne dafür.“ Und dies legen viele Männer, besonders die, die von ihrer Ausstrahlung und ihrem Können beziehungsweise ihrer Stellung überzeugt sind, so aus, als könnten sie von den Frauen als Mitarbeiterinnen *alles* haben, wenn sie es nur geschickt „einfädeln“.

Beliebte Gelegenheiten sind zum Beispiel interne Firmenschulungen, Gewerkschaftsseminare oder Sportlehrgänge. Betriebsräte, Sport- und Gewerkschaftsfunktionäre sind dort nicht nur in der Sache aktiv, sondern auch im „Herumkriegen“ der vorhandenen Frauen.

Sicher haben die meisten Frauen im Laufe vieler Berufsjahre gelernt, mit unerwünschten Annäherungsversuchen umzugehen und sich im beruflichen Alltag einen gewissen „Panzer“ zugelegt, der sie emotional abschirmt und so vor diversem Anmache- und Belästigungsstreß schützt.

Seit es Frauenbeauftragte beziehungsweise sogenannte Frauenbüros in Behörden und anderen Institutionen gibt, hat die belästigte Frau eine erste Anlaufstelle, an die sie sich wenden kann und auch unbedingt wenden sollte, wenn ein „Flirt“ von ihr unerwünscht ist und als Bedrohung empfunden wird.

Gewalt in Ehe und Familie

Oft stellt sich die Frage: Wie kann es geschehen, daß in der Familie – dem von allen Seiten beschworenen Ort der Liebe und Harmonie – so viel Gewalt zutage tritt? Schaut man nicht allzu genau hin, könnte man meinen: Die Männer gehen brav zur Arbeit, die Frauen wirken und werkeln im Haus, die Kinder bemühen sich um gute Noten. Und am Sonntag fährt man ins Grüne. Heile Welt?

Blickt man etwas genauer hinter die Kulissen, so kann man oft sehr schnell die Leere und Entfremdung erkennen, die von vermeintlichen Gemeinsamkeiten nur maskiert wird: Das stundenlange Fernsehen im Familienhalbkreis stellt oft den Versuch dar, gemeinsame Erlebnisse zu erzwingen, die Leere zu überbrücken und die Freizeit zu füllen. Dazu kommen oft noch andere Symptome, die die Familie überfordern, wie zum Beispiel Alkohol- und Drogenmißbrauch oder das Abgleiten in die Kriminalität.

Wie werden solche Familien mit ihren Konflikten fertig? Hier ist man nicht mehr oder nur schwer in der Lage, halbwegs vernünftig miteinander zu kommunizieren. Es kommt dazu, daß Frauen von ihren Männern mißhandelt werden, man findet Frauen, die regelmäßig vergewaltigt werden, Kinder, die ebenso wie alte Menschen gequält werden.

Gerade was die Kindesmißhandlungen angeht, sind hohe Dunkelziffern nicht selbstverständlich. Gequälte Kinder schreien – hat ihren Schrei niemand gehört?

Sicher hat die Gewalt in Ehe und Familie neben der Mißhandlung noch viele andere Gesichter, sie ist aber in vielen Fällen Ausdruck einer Herrschaftsstruktur in der Gesellschaft – und kann auch nur langfristig durch diese positiv geändert werden.

Die Frauenbewegung sensibilisierte Anfang der achtziger Jahre die Öffentlichkeit für die Problematik der „Männergewalt in Ehe und Familie". Seitdem wagen es immer mehr Frauen, mit ihren Problemen an die Öffentlichkeit zu gehen.

Ich möchte bewußt noch einmal zum Thema ,,Gewalt in der Ehe" Stellung beziehen, da es in den Dunkelziffern verschwindet und sich immer noch in unserer Gesellschaftsform verstecken kann.

Die Rolle des Opfers und die Rolle des Angreifers

In vielen Fällen war die Frau nicht ein passives, wehrloses ,,Opfer", über das der Gewaltausbruch des Mannes unvorhergesehen und völlig unberechenbar hereinbrach. Sicherlich spielte das Verhalten der Frau vor der tätlichen Auseinandersetzung eine große Rolle: Meist ging dem Gewaltausbruch eine verbale Auseinandersetzung voraus, an der beide gleichermaßen beteiligt waren.

Die Ursachen der körperlichen Gewalt sind vielschichtig und auch hinsichtlich der Konfliktregelung individuell zu sehen. Nach meinen Erfahrungen kann ich nur vermuten, daß viele gewalttätige Männer – und dazu zähle ich auch die, die psychische Gewalt ausüben – aufgrund der teilweisen Nichterfüllung ihrer zugeschriebenen männlichen Rolle sich ihren Frauen unterlegen fühlen und diese Unterlegenheit durch Gewalt zu kompensieren versuchen.

Die soziale Situation der Frau in einer Gewaltehe oder -partnerschaft

Viele Frauen versuchen, aus ihrer Lage auszubrechen, indem sie zu Freunden oder Verwandten flüchten. Meist hilft dieses Zurückziehen nur für kurze Zeit, den irgendwann möchten viele Frauen wieder in ihre Wohnung zurück. In der Praxis sieht es oft so aus, daß viele gewalttätige Männer schon nach kurzer Zeit der Abwesenheit der Frau anfangen zu „jammern“ und somit eine starke Abhängigkeit von ihren Ehefrauen demonstrieren.

Manche Frauen werden sich allerdings auch erst in einer Krisensituation bewußt, daß sie sehr stark von ihrem Mann abhängig sind. Oft haben sie seinem Beruf zuliebe ihren aufgegeben und sich jahrelang und total auf die Kindererziehung konzentriert. Wenn sie sich von ihm trennen, stehen sie vor dem Nichts – und das zu einem Zeitpunkt, zu dem ihre psychische Situation einen Tiefpunkt erreicht hat. Bewahren Sie sich deshalb Ihre soziale Unabhängigkeit möglichst lange. In Konfliktsituationen ist es vorteilhafter, wenigstens eine gewisse finanzielle Rückendeckung zu haben.

Was ist zu tun?

- Führen Sie mit Ihrem Mann Gespräche, in denen Sie klar und ruhig sagen, was Ihnen an ihm nicht gefällt, streben Sie eine akzeptable Problemlösung an. Hören Sie aber auch genau zu. Oft scheitern Gespräche an einfachen, aber wirkungsvollen Regeln der Kommunikation.

- Wenn Ihr Mann betrunken ist – das ist bei tätlichen Angriffen zu 80 Prozent der Fall –, provozieren Sie keine körperliche Auseinandersetzung. Versuchen Sie in so einem Stadium keine Diskussion anzufangen. Ziehen Sie sich eventuell für Stunden zurück, oder verbringen Sie die Nacht (Zeitpunkt der meisten Auseinandersetzungen) bei Freunden oder Verwandten.

- Besonders wenn die Angriffe kein Einzelfall mehr sind, vertrauen Sie sich der Polizei an. Empfangen Sie die Beamten an der Haustür, geben Sie ihnen eine kurze Schilderung, und sagen Sie ihnen auch, wo sich Ihr Mann im Moment in der Wohnung aufhält. Oft ist es besser, daß die Polizeibeamten mit Ihrem Mann zunächst allein reden.

- Bei schweren Mißhandlungen sollten Sie sofort einen Arzt (Krankenhaus) aufsuchen, der Sie behandelt. Lassen Sie sich ein Attest ausstellen, denn im Fall einer Scheidung brauchen Sie das Attest, um die Mißhandlung durch Ihren Mann nachweisen zu können.

- Wenn Sie die Wohnung für einen längeren Zeitraum verlassen wollen, nehmen Sie umgehend mit einem Frauenhaus oder Frauenzentrum Kontakt auf. Auch wenn Sie bei Freunden oder Verwandten kurzfristig wohnen können, die genannten Hilfeeinrichtungen geben Ihnen sicherlich nützlichen Rat. Fallen diese Möglichkeiten fort, müssen Sie sich ein Zimmer mieten. Die Kosten trägt vorläufig das Sozialamt, wenn eine Gefährdung der eigenen Person oder auch vorhandener Kinder besteht.

- Insbesondere für mißhandelte Frauen, die den Absprung

geschafft haben und die durch die Scheidung plötzlich mit allem selbst zurechtkommen müssen, ist es wichtig, daß sie Unterstützung, Kontakte und Gleichgesinnte finden. Hier bietet der Verband alleinstehender Mütter und Väter (VAMV), der eine Selbsthilfegruppe ist, gute Möglichkeiten. Dieser Verband ist in allen größeren Städten Deutschlands vertreten.

Mißhandelte Kinder und sexueller Mißbrauch – das verdrängte Wissen

Wenn man über Gewalt in Ehe und Familie spricht, kann man das Thema Gewalt gegen Kinder nicht ausgrenzen.

Bei den meisten mißhandelten Kindern sind die Eltern die Täter. Auch wenn die Frau häufig als Täterin bei Mißhandlungen in Frage kommt, geht doch das größere Täterpotential vom Mann aus. Denn sexueller Mißbrauch an Mädchen, um den es hier besonders geht, ist überwiegend ein Delikt, das von Männern begangen wird. Sexueller Mißbrauch und Kindesmißhandlung beeinträchtigen die Psyche des Kindes und die der Frau als Mutter.

Oft wird der Blick schnell vom Täter weg auf die Mutter gerichtet: Wie können Mütter es zulassen, daß ihre (Ehe-) Männer ihre Töchter sexuell mißbrauchen und vergewaltigen, und das oft über Jahre hinweg? Wissen sie von den Übergriffen nichts? Was sind das für Frauen, die ihre Töchter nicht schützen? Haben sie Angst, warum und wovor? Sind sie so gefühlskalt, daß sie den Mißbrauch ihrer Töchter „dulden“?

Seit das kollektive Schweigen hinsichtlich des sexuellen Mißbrauches von Kindern nach und nach durchbrochen wird, betrifft eine der schmerzhaftesten Einsichten die Mütter der Opfer. Sie ahnen oft, daß irgend etwas mit ihrem Kind und dem Vater, Stiefvater oder Lebensgefährten nicht stimmt. Doch was da nicht in Ordnung ist, wollen sie manchmal gar nicht genau wissen. Einerseits wollen sie ihre Tochter beschützen, andererseits würden sie bei zu nahem Hinsehen eine Lawine ungelöster Fragen lostreten. Was, wenn ihre Ahnungen sie täuschen? Wie würde der Partner einen ungerechtfertigten Verdacht aufnehmen? Was, wenn sich der Verdacht tatsächlich bewahrheitet? Wie sähen die wirtschaftlichen Folgen aus? Wie würden sie und das Kind mit der bekanntgewordenen Schande fertig werden? Was wird aus dem Kind, was wird überhaupt aus der Familie? So viele Vorbehalte, so viele Ängste . . . Sehr oft treiben Unsicherheit und Angst eine Mutter dazu, die Augen und Ohren vor einer Wahrheit zu verschließen, der sie sich einfach nicht gewachsen fühlt.

Ich möchte hier keine tiefgreifenden Analysen über die individuellen Ursachen dieser Sonderform von Gewalt anführen, dazu gibt es bereits umfangreiche Literatur, die überwiegend davon ausgeht, daß sexueller Mißbrauch im ursächlichen Zusammenhang mit unserem patriarchalischen Gesellschaftssystem steht und in einer teilweise vorhandenen Vorherrschaft und Verfügungsmacht von Männern über Frauen begründet liegt.

Niemand darf jedoch behaupten, daß es für eine abhängige Frau leicht ist, mit so schwerwiegenden Problemen umzugehen. Es gehört viel Mut dazu, sich einem Konflikt zu stellen, dessen Konsequenzen die Familie zwangsläufig in eine Krise stürzen werden. Um für diesen Schritt ausreichend Kraft zu haben und um das eigene Kind nicht weiterhin Ausbeutungsobjekt sein zu lassen, ist die Frau auf Hilfe angewiesen. Rat und Unterstützung von einem objektiven Dritten werden auch notwendig sein, wenn ein Kind die Mutter bereits offen um Hilfe bittet, indem es Andeutungen bezüglich seines sexuellen Mißbrauchs macht. Um also in so heiklen Situationen angemessen reagieren zu können, wäre es sinnvoll, noch vor der ersten Maßnahme ein Informationsgespräch mit einem Menschen zu führen, der mit derartigen Situationen bereits Erfahrung hat. Das Wissen, in dieser Krise nicht im Stich gelassen zu werden, gibt den Mut und die Kraft, die notwendigen Schritte einzuleiten.

Wie geht es weiter?

Was ist also, wenn die Mutter vom sexuellen Mißbrauch an ihrer Tochter erfährt? Zwangsläufig wird sie sich wehren müssen. Sicherlich bricht ihr Ehe-, Familien- oder sogar Lebenskonzept zusammen. Doch neben den verheerenden psychischen Konsequenzen stellt sich die Frage, wie es weiter geht.

- Zunächst einmal muß sich die Mutter für ein konsequentes Handeln entscheiden. Das heißt aber auch, daß sie ihr eigenes Leben (und das ihres Kindes) bei einer Trennung vom Mann selbstbestimmend in die Hand nehmen muß.
- Das heißt sicherlich weiter, daß sie sich Zeit nehmen

sollte, bevor sie eine neue Beziehung eingeht. Der Vertrauensverlust, der zwangsläufig entsteht, sollte erst einmal verarbeitet werden.

- Mütter sollen in solchen Situationen in ihrer Entscheidungsfähigkeit bestärkt werden, um so handlungskompetenter für ihr weiteres Leben zu werden. Dies kann durch die Familie, Freunde, aber auch durch einen Therapeuten geschehen.

- Der Weg zu einer Beraterin/Therapeutin ist jeweils für Mutter und Tochter angebracht. Dieses Trennen bei Beratungen ist sicher bei Mädchen ab zehn bis zwölf Jahren von Vorteil, denn es ermöglicht der Beraterin/Therapeutin, Gefühle und Grenzen der Beteiligten kennenzulernen und zu sichern. Hier werden auch sicher die nächsten Schritte besprochen, denn die Mütter brauchen oftmals bei jedem weiteren Handlungsschritt die einfühlsame, aber bestimmte Unterstützung auf den Wegen zum Rechtsanwalt, zur Kriminalpolizei oder zum Jugendamt.

- Auch bei Mißhandlungen von Kindern soll sich die Mutter (wenn der Vater der Täter ist) zunächst an das nächste Jugendamt wenden. Man wird sie dort beraten und ihr weiterhelfen.

Bevor ich einige effektive körperliche Abwehrmaßnahmen vorstelle, möchte ich abschließend noch auf drei besondere Situationen eingehen.

Sie begegnen einem Exhibitionisten

Exhibitionismus ist eine besondere Form von sexuell-pathologischer Veranlagung, bei der ein Mann sowohl bewußt als auch unbewußt Befriedigung dabei empfindet, wenn er seine Genitalien Mädchen und Frauen zeigt. Die betroffenen Männer sind derart vom Drang besessen, sich öffentlich zu entblößen, daß sie es überall und zu jeder Tages- und zum Teil auch Nachtzeit tun. Es ist sicher heute nicht moralisch-revolutionär, ein männliches Geschlechtsteil zu sehen, doch diese Art des „Zur-Schau-Stellens" hat etwas Perverses an sich und verunsichert nicht nur junge Frauen zutiefst.

Auch für die Begegnung mit einem Exhibitionisten gibt es keine festen Verhaltensregeln, da Sie als Frau in so einem Moment individuelle persönliche Empfindungen haben.

- Ich rate Ihnen, keine weitere Notiz von dem Mann zu nehmen und von der nächsten Telefonzelle aus die Polizei zu benachrichtigen. Es ist um so besser, wenn Sie der Polizei den Mann beschreiben können.
- Lachen Sie ihn nicht aus, und machen Sie in der Regel auch keine abfälligen Bemerkungen über seine Handlung. Das kann im Einzelfall zwar den Täter einschüchtern, es könnte aber auch sein, daß er aggressiv wird und sie angreift. Es handelt sich nicht immer um sogenannte „harmlose Kranke".

- Fahren Sie *nie* per Anhalter, und lassen Sie Fremde *nie* bei Ihnen mitfahren. Selbst wenn Sie zu einem Bekannten in den Wagen steigen, bleibt ein Restrisiko, und ich empfehle Ihnen, in so einem Fall auf dem Rücksitz Platz zu nehmen. Eine freundliche Begründung dafür werden Sie sicher finden.
- Denken Sie daran, daß eine Frau, die mit erhobenem Daumen an der Straße steht, in den Augen mancher Männer als „Freiwild" angesehen wird.
- Fahren Sie mit Ihrem Wagen in ein Parkhaus, so erkundigen Sie sich zuvor nach besonders hellen Einstellplätzen, die oft in der Nähe der Kasse liegen. Beim späteren Einsteigen beobachten Sie die Umgebung und drücken Sie, sobald Sie im Wagen sitzen, die Türknöpfe herunter.
- Haben Sie ständig Not-Telefongroschen im Wagen deponiert?

All dies hat nichts mit „Übervorsicht" zu tun, kann aber unter Umständen sehr nützlich sein und sogar Ihr Leben retten.

Belästigungen durch Telefonanrufe

Bei Ihnen klingelt zu allen Zeiten das Telefon, es meldet sich niemand, oder es werden obszöne Wünsche oder Forderungen ausgesprochen. Telefonterror! Einmalige Anrufe können ein Irrtum sein und sollten Sie eigentlich nicht aus der Fassung bringen, ausgenommen, sie haben einen entsprechenden Inhalt.

Wenn Sie merken, daß diese Anrufe Sie über einen längeren Zeitraum belästigen, müssen Sie handeln.

Die Frage, die man sich in so einem Fall stellt, ist die: Was sind das für Menschen, die einen anderen belästigen und terrorisieren wollen?

Es sind oft sexuell abartig veranlagte Männer oder Jugendliche, die mit unsichtbaren Frauen ihre sexuellen Phantasien ausleben beziehungsweise ausreizen wollen.

Natürlich gibt es auch Anrufe von Menschen, die Ihnen aus irgendeinem Grund nicht wohlgesonnen sind und die Sie morgens um drei Uhr aus dem Schlaf reißen wollen. Meistens wird in diesen Fällen aufgelegt, oder es werden Drohungen gegen Sie ausgesprochen.

Ich rate Ihnen zu folgenden Maßnahmen:

- Pfeifen Sie mit einer Trillerpfeife oder einem ähnlichen lauten Instrument in die Telefonmuschel.
- Lassen Sie Ihren Mann oder Freund ans Telefon gehen.
- Drohen Sie dem Anrufer mit einer Anzeige.

- Manchmal gelingt die Täuschung, indem Sie mit dem Fingernagel über die Sprecheinrichtung kratzen und dem Anrufer sagen, daß Ihr Telefon überwacht wird.
- Legen Sie umgehend auf.
- Gegebenenfalls gehen Sie zur Bundespost und beantragen eine Fangschaltung (Fernmeldestelle). Die Post wird Sie auf deren Besonderheiten hinweisen.
- Natürlich können Sie auch eine neue Telefonnummer beantragen, die nicht im öffentlichen Telefonbuch steht. Auch die Auskunft gibt solche Nummern nicht weiter.

6. Wann soll man sich körperlich wehren?

In unserer Gesellschaft kommt jeder Mensch tagtäglich in Situationen, die ihm die Fähigkeit abverlangen, seine Entscheidungen situationsgerecht zu fällen und danach zu handeln. Das trifft in besonderem Maße für Frauen in Selbstverteidigungssituationen zu. Allgemeingültige Antworten auf die Frage, wie die körperliche Abwehr eines Angriffs auf eine Frau aussehen kann, lassen sich nur schwer geben. Deshalb muß jede Frau, die in eine gefährliche Situation gerät, selbst aus ihrem eigenem Verhaltensrepertoire und aus ihren Selbstverteidigungskenntnissen heraus entscheiden, was in der jeweiligen Situation zu tun ist.

Meist stelllt sich einer Frau generell die Frage, ob sie sich denn überhaupt gegen einen Mann körperlich zur Wehr setzen kann. Man kann nicht mehr behaupten, daß diese Frage ein Erziehungsprodukt ist, da in der Mehrzahl die Mädchen heute zu Selbstbewußtsein und entsprechender Gegenwehr erzogen werden. Fest steht allerdings, daß die physischen Abwehrmittel der Frau begrenzt sind, das heißt, daß sie von der reinen Körperkraft den meisten Männern unterlegen ist.

Wenn man Selbstverteidigungsbücher durchblättert, so findet man oft den Hinweis, daß die richtige Reaktion im richtigen Moment erfolgversprechend ist. Dem muß man natürlich grundsätzlich zustimmen, bloß: Schafft das jede Frau? Erfahrungsgemäß gelingt es den angegriffenen Frauen selten, optimale Abwehrhaltungen beziehungsweise Abwehrtechniken „an den Mann" zu bringen. Denn jeder Angriff erfolgt anders, wird mit unterschiedlicher Intensität ablaufen, und dementsprechend fällt auch die Reaktion und die darauffolgende Aktion anders aus. Auch wenn einige Autoren oder Autorinnen es anders sehen, den Schock, die Reaktion, den Ernstfall schlechthin kann man nur bedingt trainieren.

Trotzdem möchte ich jeder Frau grundsätzliche Hilfestellung geben, die sie situationsbedingt mit ihren Mitteln nachvollziehen kann, die sie dazu bringen soll, daß sie eventuell ihre jetzige Einstellung überdenkt oder sich entschließt, vor und in einer Gefahrenlage anders zu handeln.

Es ist wichtig, eine gefahrvolle Situation richtig einzuschätzen. Den meisten Menschen gelingt das in einer Gefahrensituation, sie passen ihr Verhalten instinktiv der Lage an. Um also auf Gefahrensituationen vorbereitet zu sein, müssen Sie:

1. Durch richtiges Planen gefahrvolle Situationen nach Möglichkeit ausschließen.
2. Vor einer drohenden körperlichen Auseinandersetzung in Ehe, Familie oder Öffentlichkeit eine deeskalierende Kommunikation als „Waffe" einsetzen.
3. Bei direktem körperlichem Angriff Widerstand leisten, um sich vor größerem körperlichen und seelischen Schaden zu schützen, wobei der seelische Schaden bei *jedem* Angriff in gewisser Weise eintritt.
4. Sich durch die sogenannte „Positive Selbstinstruktion" günstig beeinflussen.

Es ist meiner Meinung nach beängstigend und nicht sinnvoll im Sinne eines Angstabbaus, wenn man alle gefährlichen Orte und die dazu in Betracht kommenden Gefahrensituationen aufzeigt. Unwillkürlich würde jede Frau (und wohl auch jeder Mann) dann Personenschutz beantragen, um sich noch auf die Straße zu wagen. Diese Reaktion stellt man häufig bei älteren Frauen fest, die sicherlich nicht ganz unberechtigt Angst haben, da sie schon jedem Handtaschendieb wenig Körperkraft entgegensetzen können.

Maßnahmen für eine erfolgreiche Gegenwehr

Wenn ich eine Antwort auf die Kernfrage geben soll, rate ich jeder Frau, sich bei einem Angriff, der ohne Messer, Pistole oder Schlaggegenstände passiert, sofort zu wehren. Die Erfahrung zeigt, daß viele Angriffe auf Mädchen und Frauen durch eine sofortige und starke Gegenwehr beendet wurden.

- Erfolgt eine Bedrohung mit einer Waffe, sollte man zunächst keine Gegenwehr versuchen. Lassen Sie den Angreifer in dem Glauben, Sie würden sich nicht wehren. Vielleicht ergibt sich dann eine günstige Gelegenheit zur Ablenkung und damit zu einer wirkungsvollen Abwehrmaßnahme.
- Sind andere Menschen in der Nähe (Parkhaus, Mietshaus, Innenstadt, Parks oder ähnliches), schreien Sie

oder rufen Sie *„Feuer!“* Sie werden sich fragen, warum soll man nicht „Hilfe!“ rufen. Diesbezüglich liegen Erfahrungen vor, daß die meisten Menschen auf das Wort „Feuer“ anders, das heißt spontaner und hilfsbereiter reagieren als bei Hilferufen. Bei „Hilfe!“ denken viele Menschen an Überfälle und an eine Verwicklung in eine unangenehme „Sache“, mit der sie als „Retter“ rechnen müssen.

– Abwehrmaßnahmen mit Gegenständen des täglichen Lebens wie Schirm, Handtasche oder einer zusammengerollten Illustrierten sind nicht wirksam und führen deshalb nur ganz selten zum Erfolg.

– Hilfsmittel wie Tränengas (Reizstoff), das in jedem Waffengeschäft zu kaufen ist, sind nur erfolgversprechend, wenn Sie das Gerät schon in der Hand halten und das Gas gezielt einsetzen (Gesicht des Angreifers). Bei einem Überraschungsangriff nützt das Gasfläschchen Ihnen nichts, da Sie es wahrscheinlich erst aus der Handtasche oder der Jacke (dem Mantel) herausholen müssen. Bei einem derartigen Angriff ist es aber extrem wichtig, beide Hände zur Abwehr frei zu haben.

– Wenn Sie die Mitnahme einer Tränengaspistole oder -patrone sicher macht, tun Sie es!

– Ziehen Sie bei der Flucht hochhackige Schuhe aus (auch bei einem Kampf sind sie hinderlich).

– Es ist sehr wirkungsvoll, wenn Sie bei einem körperlichen Gegenangriff Ihrerseits schreien. Das hat nicht unbedingt den Hintergrund eines Kampfschreis aus dem Karatesport, sondern ist in erster Linie ein Schock für den Angreifer, der damit wahrscheinlich nicht rechnet. Ferner ist Schreien ein Hilfesignal an andere Menschen in der Nähe. Denken Sie auch daran, daß Schreien Ihre Psyche stärkt und unter Umständen noch mehr Kräfte für Ihre Gegenwehr mobilisiert.

Ihre Ziele

Ich rate Ihnen, nur solche Körperzonen als Angriffs- oder Abwehrziel zu wählen, die den Angreifer schnell angriffsunfähig machen. Das sind:

Augen Hals Hoden Knie

Die Fotos auf den Seiten 112 bis 130 verdeutlichen das noch einmal. Der Körper bietet zwar noch mehr Ziele, die aber nicht immer erfolgversprechend attackiert werden können. Sie müssen den Angreifer bewegungs- beziehungsweise angriffsunfähig für weitere Angriffe gegen Sie machen. Empfehlungen manch eines „Selbstverteidigungsexperten", der davon ausgeht, daß Sie sich mit Handkantenschlägen, Fingerhebeln und Tritten auf die Fußbrücke oder gegen das Schienbein wehren sollen, sind untunlich und sollten dem Vereinssport vorbehalten bleiben. Um in der Sprache des Mediums Fernsehen zu sprechen, dienen diese Mittel nur zur Erhöhung der Einschaltquoten, aber nicht dem Ernstfall. Denn wenn Sie den Angreifer durch „einfaches Wehtun" nur reizen, könnte er eventuell mit noch größerer Brutalität vorgehen und Sie schwer verletzen oder gar töten.

Die hier vorgestellten Maßnahmen sind keine Abwehrmaßnahmen, die Sie einsetzen, um einen leicht angetrunkenen Tänzer bei einem Blues auf Distanz zu halten, sondern dienen dazu, Sie in einer (lebens-)bedrohlichen Situation wirkungsvoll zu schützen! Es sind effektive und wirkungsvolle Selbstverteidigungstechniken für den Notfall.

- Haben Sie selbst einen gefährlichen Gegenstand in der Hand oder in Reichweite, drohen Sie mit dessen Anwendung.
- Bei einem drohenden Angriff verunsichern Sie den oder die Angreifer durch starke, verbale Attacken. Drohen Sie eine starke Verletzung bestimmter Körperpartien an (zum Beispiel Unterleib). Das hat nichts mit einer Aufforderung zu einer Körperverletzung zu tun, denn einerseits kann die Sprache vor und während eines Angriffs eine wirkungsvolle „Waffe“ sein, zum anderen sind solche Androhungen sehr gute Einschüchterungsversuche.
- Noch ein Hinweis zum Sprechen: Handeln Sie geistesgegenwärtig, reden Sie auf den Angreifer ein, aber lassen Sie sich nicht durch Ihre eigene Angst zu aggressiven Äußerungen oder zu Beleidigungen hinreißen, wenn Sie merken, daß Sie dadurch den Angreifer noch mehr reizen.
- Sie können Ihre körperliche Gegenwehr planen. Dazu gehört die Wahl Ihrer geeignetsten Waffen und das Erkennen und Bestimmen der verwundbarsten, empfindlichsten Körperstellen Ihres Angreifers.

Die vier Waffen zur körperlichen Abwehr

Sprache Hände Knie Füße (Beine)

Ich werde oft von Frauen gefragt, ob sie schon zu einer Abwehrhaltung übergehen sollen, wenn ein Mann im Aufzug „schräg" schaut. Sicherlich nicht, doch sollte jede Frau wachsam sein und je nach der Situation an die zuvor erwähnten Grundsätze denken. Wenn man Gefahr spürt, soll man diesem Gefühl nachgeben und sich entsprechend verhalten. Deshalb noch einmal der Hinweis: *Mit der richtigen Einstellung hat man schon einen wichtigen Schritt zur persönlichen Sicherheit getan.* Glauben Sie an sich, an Ihre Kraft und an Ihre Möglichkeiten.

Wie effektiv im Ernstfall bereits ein Seitwärts-Fußtritt ist, beweist die Tatsache, daß er, richtig ausgeführt, schon mit wenig Kraft (etwa 20 Kilopond) das Knie eines Angreifers so verletzen kann, daß er sofort angriffsunfähig ist.

Ein entscheidendes, ja lebenswichtiges Moment besteht darin, daß Sie ihr gewähltes Ziel exakt treffen. Es bedarf der Übung, wenn Sie lernen wollen, wie man zielgerichtet mit den Daumen quetscht oder Fußtritte ausführt. Da diese wenigen Techniken aber auch im Selbststudium zu erlernen sind, ist der Aufwand sicher nicht zu groß. In jedem Fall ist er lohnenswert! Ein entsprechender Kursus ist sicher empfehlenswerter und gibt Ihnen auch sinnvolle Übungsmöglichkeiten in der Gruppe. Dazu kommt noch ein positiver Nebeneffekt. In einem derartigen Kurs tun Sie etwas für Ihre sportliche Fitneß.

Ich werde oft von Frauen gefragt, ob ich es für sehr wahrscheinlich halte, daß, nachdem sie ein Selbstverteidigungstraining gemacht haben, sie bei einem Angriff kühl und überlegt vorgehen werden und nicht in Panik ausbrechen.

Meine Antwort darauf lautet: Nein! Denn jeder, dessen Gesundheit oder Leben bedroht ist, fürchtet sich – damit muß man einfach rechnen. Im allerersten Moment kann man so erschrocken oder verängstigt sein, daß man wie gelähmt, zu keinem vernünftigen Gedanken fähig ist. Diese Reaktion dauert im allgemeinen zwischen 0,6 bis in Extremfällen etwa 20 Sekunden. Das ist auch nicht der Zeitpunkt, zu dem unbedingt bereits gehandelt werden muß. Sobald die erste kurze Schockphase vorbei ist, werden Sie sehen, daß das mental eintrainierte „Darauf-Gefaßt-Sein" Ihnen zu Hilfe kommen wird. Wenn Sie jetzt etwas ruhiger werden, fällt es Ihnen leichter, das richtige Abwehrmittel einzusetzen. Haben Sie keine Bedenken wegen Ihrer Angst. Die ist, wenn Sie die Gefahr erkennen, normal.

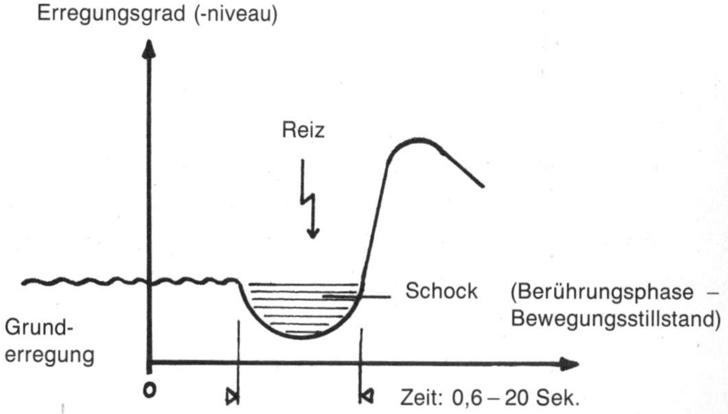

Angemessene Abwehrmittel effektiv einsetzen

Viele Gefahrenquellen können schon ausgeschaltet werden, indem man möglichen Angreifern „signalisiert", daß man seiner selbst sicher und auf der Hut ist. Dazu gehört unter anderem auch ein selbstsicherer, zielstrebiger Gang. Die Fähigkeit, die geeigneten Abwehrmittel einzusetzen, bekommt man durch ein entsprechendes Training, in dem man zielgerichtete Rollenspiele möglichst realitätsnah durchspielt und sie dann mit anderen Menschen (zum Beispiel anderen Kursteilnehmerinnen) bespricht.

Ferner hilft Ihnen die bereits beschriebene „Positive Selbstinstruktion" dabei, Ihnen die Angst zu nehmen und handlungssicherer zu werden. Lernen Sie aber nun die besten körperlichen Verteidigungsmittel und deren Wirkung auf vier besondere Körperzonen des Mannes kennen.

Selbstverteidigungstechniken in Bildern

Für eine realistische Selbstverteidigung brauchen Sie nur wenige effektive Techniken. Aufgrund meiner langjährigen Erfahrung in speziellen Selbstverteidigungskursen für Frauen halte ich es für bedenklich, Ihnen, wie es manche Autoren tun, 30 bis 40 verschiedene Abwehrsituationen aufzuzeigen, die aber halbwegs erfolgversprechend nur über einen langen Zeitraum erlernt werden können.

Aus diesem Grund empfehle ich Ihnen nur wenige Techniken, die aber, wenn sie entschlossen angewandt werden, die weitere Angriffsunfähigkeit des Täters zur Folge haben. Sie brauchen für die meisten Abwehrmaßnahmen kein spezielles Training.

Sie sollten diese Techniken nicht mit Ihrem Freund oder Ehemann spaßeshalber ausprobieren, denn Sie könnten ihn unter Umständen stark verletzen.

Die auf den Seiten 112 bis 130 gezeigten Abwehrmaßnahmen sind wohldurchdacht und nicht zum „Spielen“ geeignet. Wenn Sie sie anwenden, ist Ihre Integrität und körperliche Unversehrtheit bedroht.

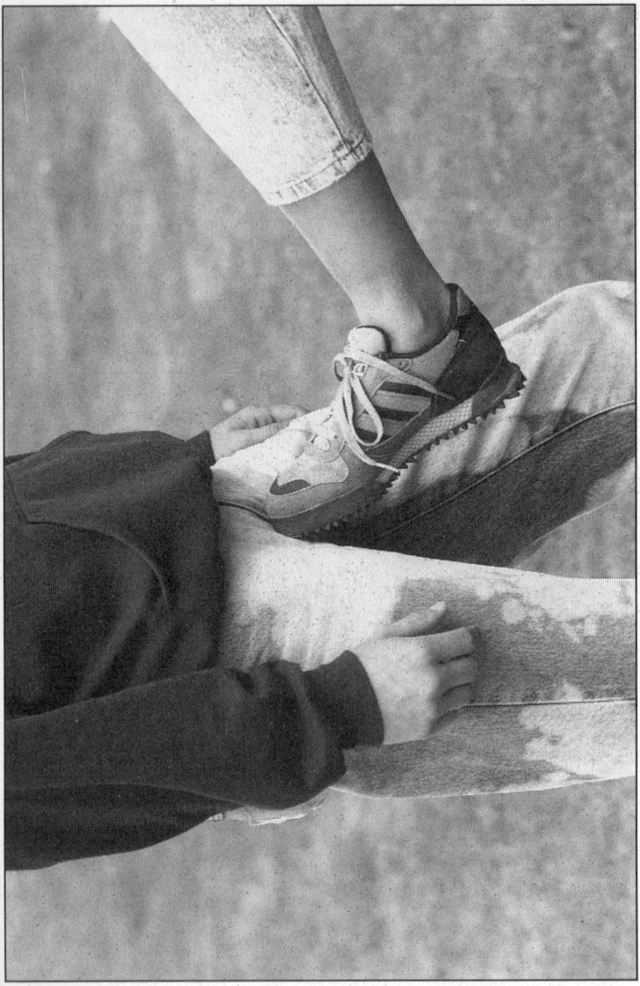

Gerader Fußtritt zum Unterleib
Vorteil: schnell ausführbar, der Angreifer kommt erst gar nicht an Sie heran.

Fußtritte sind am wirkungsvollsten bei entsprechender Distanz.

Seitwärts-Fußtritt zum Knie
Durch diesen Tritt (kraftvoll ausgeführt) können Sie jeden Angreifer stoppen.

Der Tritt ist besonders wirksam gegen das Innen- oder Außenknie.

2. Selbstverteidigung durch Kniestöße

Kniestoß zum Genitalbereich

Der Kniestoß ist sehr wirkungsvoll, da er schnell und hart einsetzbar ist.

3. Selbstverteidigung durch Faustschläge oder unter Zuhilfenahme der Hände

Faustschlag zum Genitalbereich
Anwendbar zum Beispiel bei einem Würgegriff
oder bei Ziehen an der Schulter.

Wie man sich gegen überraschendes Erfassen von hinten wehrt.

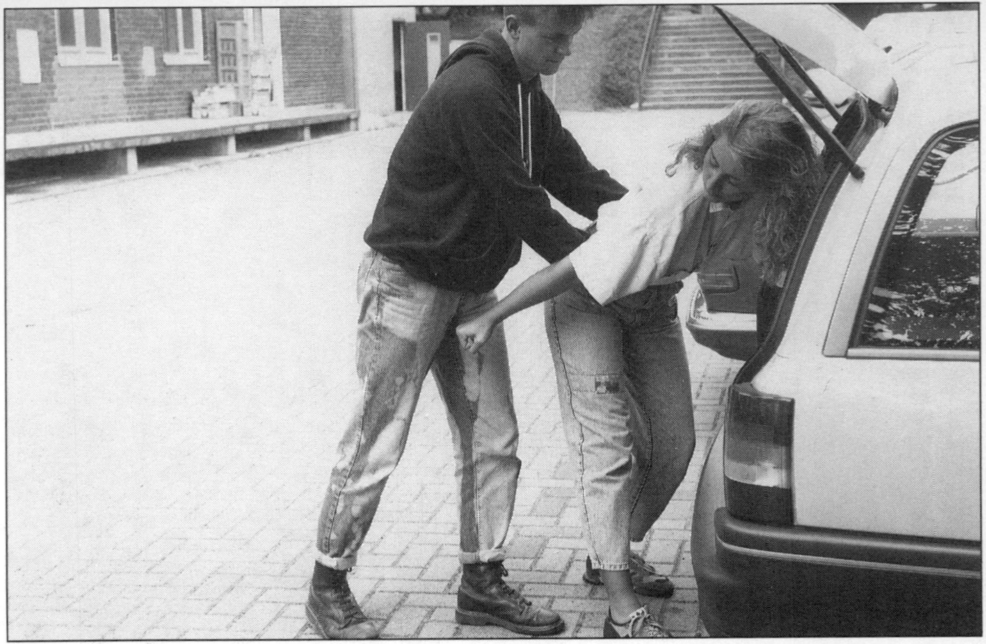

Bei dieser seitlichen Halsumklammerung erfolgt mit der unteren freien Hand ein Hodenquetschen oder der Schlag in den Genitalbereich.

Augenquetschen durch starken Daumendruck bei Körperumklammerungen ohne Einschluß Ihrer Arme.

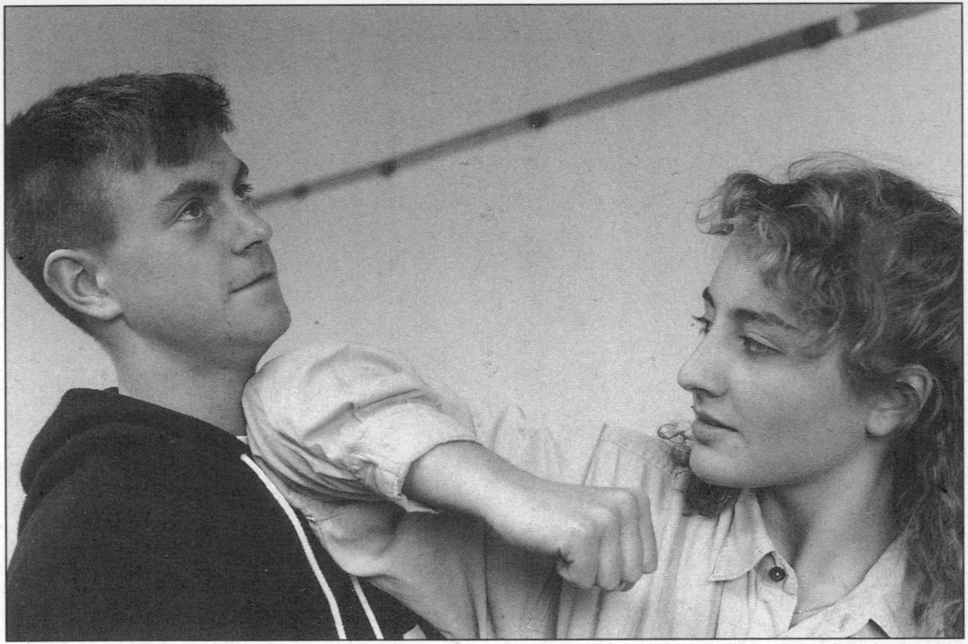

Mit dem Ellbogenschlag (Knochen des Ellbogens) können empfindliche Stellen wie Kehlkopfbereich, Halsschlagader, Schläfe oder Solar Plexus attackiert werden.

Ruckartiges Kopfschlagen nach hinten bei Körperumklammerungen (Zielpunkt: Nase und Mundbereich des Angreifers).

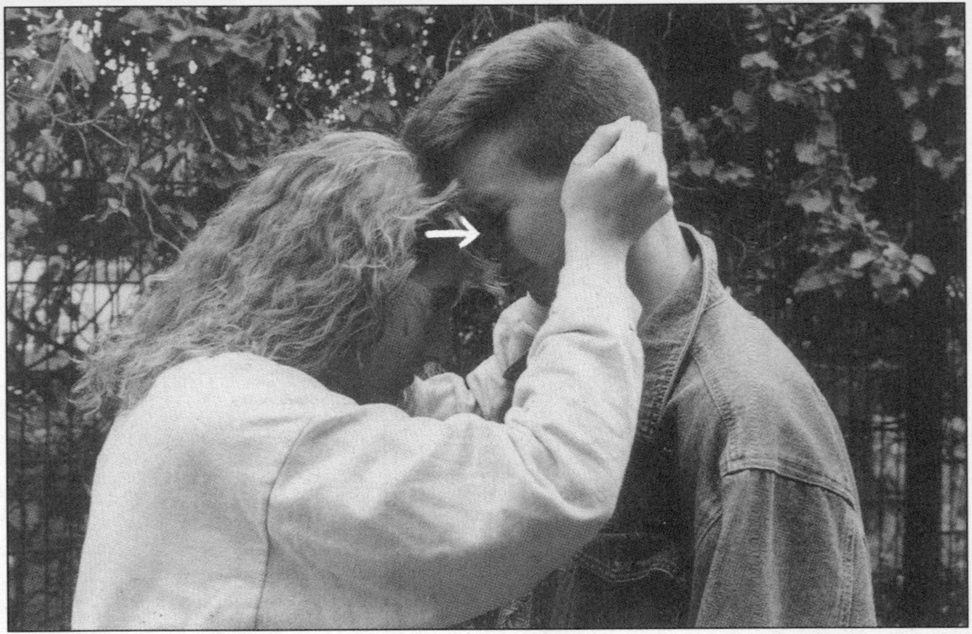

Bei allen ernsthaften Angriffen durch Körperumklammerungen von vorn ist der Kopfstoß eine wirkungsvolle Abwehr. In der Regel zur Nase des Angreifers stoßen, um sich selbst nicht zu verletzen.

5. *Was tun, wenn Sie bereits am Boden liegen?*

Eine Situation, in der Sie zu Boden gestoßen (geworfen) wurden: Nehmen Sie, wenn möglich, die gezeigte Stellung ein, in der Ihr oberes Bein trittbereit ist.

Zielpunkt Ihres Trittes: das Knie von vorn oder seitwärts. Ein höherer Tritt zum Genitalbereich ist ebenfalls möglich.

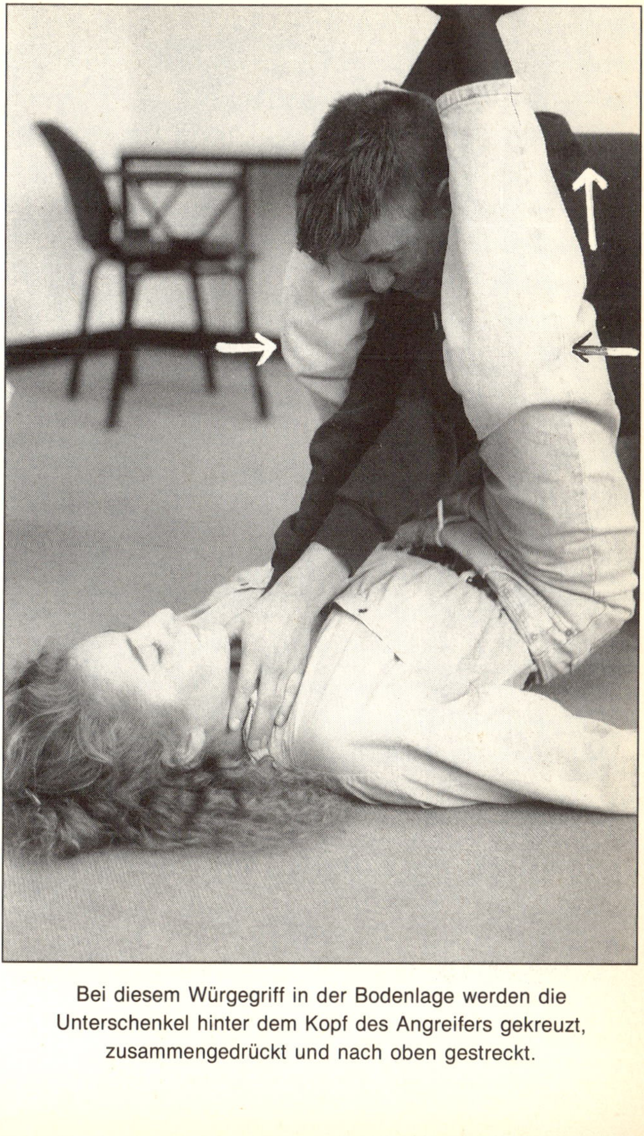

Bei diesem Würgegriff in der Bodenlage werden die Unterschenkel hinter dem Kopf des Angreifers gekreuzt, zusammengedrückt und nach oben gestreckt.

Nachdem der Angreifer seitlich zu Boden gedrückt wurde, kann ein Hackentritt zum Kopf die weitere Angriffsfähigkeit unterbinden.

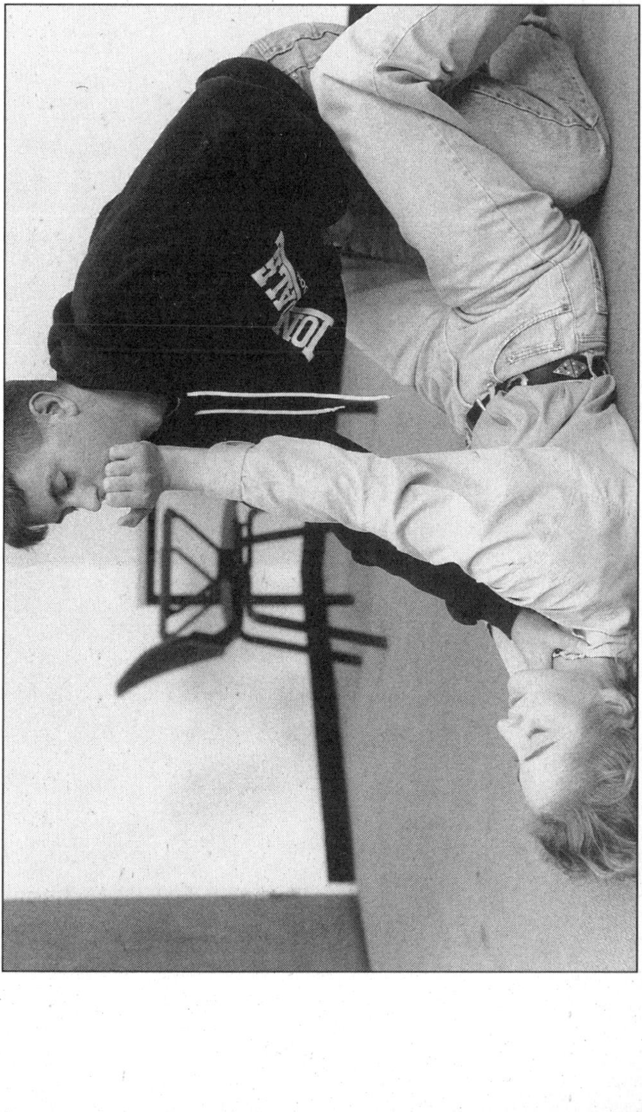

Abwehr durch starken Handballenstoß zum Kinn

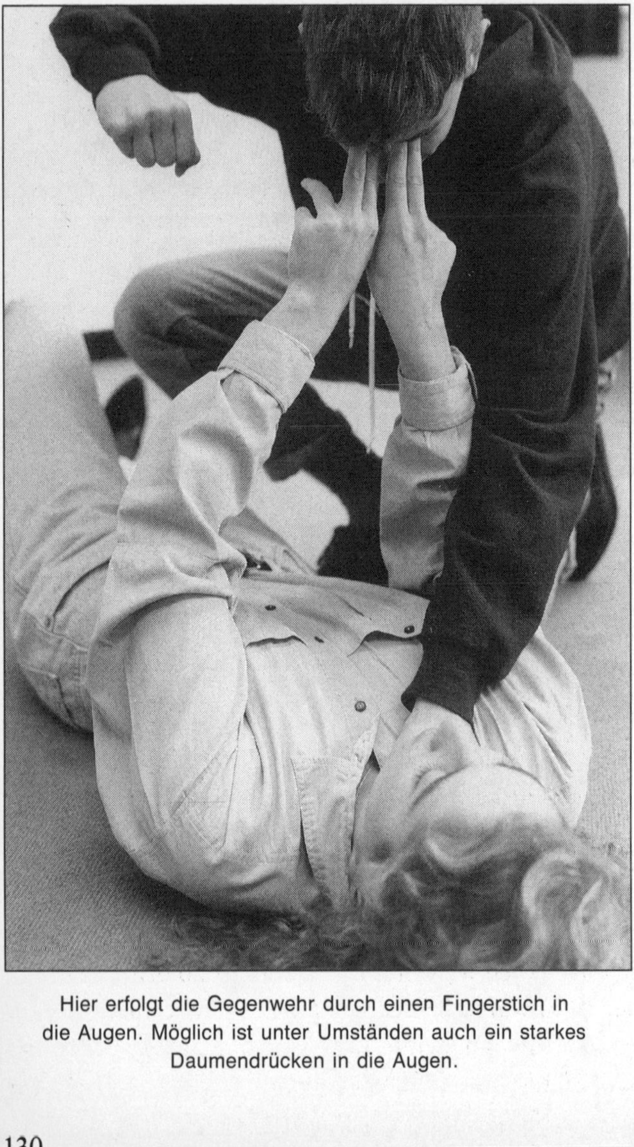

Hier erfolgt die Gegenwehr durch einen Fingerstich in die Augen. Möglich ist unter Umständen auch ein starkes Daumendrücken in die Augen.

7. Nach der Tat

Wenn es passiert ist, was dann? In diesem Kapitel möchte ich versuchen, Antworten auf diese Frage zu geben.

Eine sexuelle Gewalttat hat neben den physischen auch immer enorme psychische Nebenwirkungen. Zum einen stehen auch feste Beziehungen, Ehe und Freundschaften unter einer schweren Belastungsprobe; zum anderen wirkt sich die Beziehungslosigkeit zum Täter auf spätere Beziehungen zu fremden Männern aus. Wobei zur Beziehungslosigkeit zwischen Täter und Opfer zu sagen ist, daß bei den sexuellen Gewalttaten, die angezeigt werden, in etwa 50 Prozent der Fälle der Täter eine gewisse Beziehung zum Opfer hatte.

Die psychische Gewalt, die von vielen zunächst als verhältnismäßig „harmlos" angesehen wird, ist oft der Auslöser für einen langen Leidensweg. An dessen Ende stehen die Enttäuschung, die Depression, das Gefühl des Ausgeliefertseins mit vielfach irreparablen Folgen für die Beziehungen des Opfers. Die Flucht aus jeglicher Beziehung, das Nichtbewältigen von einzelnen seelischen und körperlichen Problemen bilden die emotionale Sackgasse, in die manch eine Frau nach der Tat gerät.

Viele wissenschaftliche Untersuchungen berichten von den traumatischen Erfahrungen jener Frauen, die es gewagt haben, einen Vergewaltiger anzuzeigen. Viele Frauen erleben nach dem Gewaltakt ihr zweites und drittes Trauma bei der Polizei und in der Justiz. Staatliche Institutionen trugen vor allen Dingen in der Vergangenheit oft dazu bei, Frauen weiter zu entwürdigen.

Die betroffene Frau

Jede betroffene Frau hat wohl ein diffuses Bewußtsein davon, daß mit einer Gewalttat bis hin zur Vergewaltigung womöglich das Schlimmste noch nicht vorüber ist.

Eine Frau, die so eine Tat erlebt, befindet sich in einer psychischen Ausnahmesituation, denn wie soll sie jemals wieder Vertrauen zu Männern aufbauen, wenn ein Mann (eventuell auch noch aus ihrem Bekannten- oder Verwandtenkreis) sie sexuell belästigt beziehungsweise vergewaltigt hat?

- Sie lebt in der Ohnmacht, das Erlebte verarbeiten zu müssen.
- Sie sieht keine Möglichkeit des Vergessen-Könnens.
- Sie hat Angst nach der Tat – oft entwickelt sie bis dahin nie aufgetretene Ängste.
- Sie empfindet Abscheu bei körperlichen Berührungen.
- Sie fühlt sich ausgehöhlt und schwach.
- Sie empfand die Gewaltanwendug unter Umständen als lebensbedrohlich.
- Sie sieht die totale Ausweglosigkeit der Tat.
- Sie empfindet psychischen Terror (Träume verfolgen sie Tag und Nacht).
- Sie hat Schuldkomplexe.

Erschrecken Sie nicht, das sind erfahrungsgemäß die typischen Symptome, die aber bei den angegriffenen Frauen unterschiedlich stark auftreten.

Gerade Gewalttaten im sozialen Nahraum, also im Familien- oder Freundeskreis, machen den Opfer-Frauen noch mehr Angst und haben noch gravierendere (Spät-)Folgen, weil doch die Wohnung, die Beziehung, die Familie, der Freundes- und Bekanntenkreis eigentlich zur „garantierten Sicherheitszone" gehören sollten.

Bei vielen Frauen kommt es jedoch nicht zu so starken psychischen und körperlichen Auswirkungen. Sie versuchen das Erlebte, so gut es geht, zu vergessen. Manchmal verdrängen sie es auch ganz. Doch das Erlebte kommt immer wieder hoch. Darüber hinaus geraten viele Frauen in eine Art Lebenskrise. Die eigene Welt, das Denken und Fühlen, wurde erschüttert und sieht nicht mehr so aus wie früher. Angst und Unsicherheit werden zum beherrschenden Faktor im Leben. Frauen, die eine Vergewaltigung erlebt haben, beginnen oft ihre ganze Person in Frage zu stellen.

Zudem spielen die Reaktionen des Partners oder Ehemannes eine große Rolle: Kann der Partner damit umgehen? Kann der Ehemann sich darauf einstellen, daß die Frau Schwierigkeiten in der sexuellen Beziehung zu ihm hat?

In der äußerst schwierigen Lebenslage nach einer sexuellen Gewalttat ist es vielen Frauen wahrscheinlich gar nicht möglich, im Freundes- und Familienkreis so viel Schutz und Orientierung zu suchen und zu finden wie nötig wäre, um ihr seelisches Gleichgewicht wieder herzustellen. Dafür gibt es zweierlei Gründe: Einerseits sind Freunde, Bekannte und meist auch die Familie kaum fähig und kaum erfahren genug oder selbst zu betroffen, mit den Ängsten und Verunsicherungen einer vergewaltigten Frau geduldig und angemessen umzugehen. Die Folge ist ein hartnäckiges, dichtes Schweigen, das die Frau in ihrer engsten Umgebung einhüllt. Tat und Folgen werden totgeschwiegen – ein Verhalten, das nur bedingt dazu geeignet ist, der betroffenen Frau zu helfen!

Aufmerksame und zugewandte Beschäftigung mit der Situation einer vergewaltigten Frau setzt voraus, daß man selbst bereit ist, die Illusion von der Gewaltlosigkeit unseres Alltags in erheblichem Maße aufzugeben. Therapeuten stellten fest, daß vergewaltigte Frauen hochsensibel sind und selbst ganz verdeckte Ungeduld, Abwehr oder Ratlosigkeit ihrer Umwelt registrieren.

Andererseits sind viele Frauen in der Regel in erster Linie bestrebt, zumindest die äußere Normalität ihres Alltags so weit wie möglich wieder herzustellen. Zu große Schutzbedürftigkeit oder ständige Abhängigkeit von der Anwesenheit einer vertrauten Person ist da nicht immer gewünscht.

Der Versuch vergewaltigter Frauen, ihr Leben möglichst sofort wie gewohnt weiterzuführen – als sei nichts geschehen –, ist ein erster, für kurze Zeit sicher sinnvoller Versuch zur Wahrung eines minimalen seelischen Gleichgewichts. Das gelingt jedoch meist nur für eine gewisse Zeit.

Die Überwindung der Scham- und Schuldgefühle sowie die Wiederbelebung der unter Umständen verdrängten Emotionalität beinhaltet für die Frauen den mühevollen Weg, sich mit den eigenen Gefühlen und den Erinnerungen an die Tat noch lange auseinanderzusetzen.

– Werden Sie sich unbedingt klar darüber, daß das, was gegen Ihren Willen passierte, Ihren Wert und Ihre Fähigkeiten als Mensch nicht beeinträchtigt. Sie sind nach wie vor „die alte". Sie haben die Kraft, vielleicht sogar mehr als früher, Ihre Probleme zu lösen.

– Haben Sie Angst, Ihren „guten Ruf" zu verlieren, Angst oder Mißtrauen zu ernten? Verachtet zu werden? Ihre Bedenken sind verständlich, aber sie sind gleichzeitig auch das, was Ihre Vorstellung daraus macht. Vergessen Sie so ungreifbare Dinge wie „Ihren guten Ruf". Sie sind Opfer einer Gewalttat geworden. Was Ihre Umwelt darüber denkt, ist längst nicht so wichtig wie das, was Sie darüber denken.

– Widerstehen Sie in der Auseinandersetzung mit dem, was Sie erlebten, der Versuchung, bestimmte Probleme auszuklammern. Konflikte, die nicht gelöst werden, haben die Eigenschaft, Gedanken, Gefühle und das Verhalten unbewußt zu beeinflussen. Um Ihre Situation grundlegend zu verbessern, müssen Sie sich *allen* Problemen stellen. Entscheidend ist also, daß Sie überhaupt aktiv werden. Dann erkennen Sie wahrscheinlich, daß man vielleicht Ihrem Körper Gewalt angetan hat, nicht aber Ihrem Willen und Ihrem menschlichen Sein.

– Denken Sie daran, daß Sie mit Ihrem Problem nicht alleine sind, denn es gibt immer Menschen, die wissen, wie Ihnen zumute ist, die Sie verstehen und Ihnen helfen können. Den ersten Schritt müssen allerdings Sie unternehmen.

- Denken Sie daran: *Das Wichtigste sind Sie!* Sie haben überlebt, nun müssen Sie wieder leben!

Professionelle Hilfe

Eine Frau, die überfallen oder vergewaltigt wurde, sollte sich so schnell es geht mit Bekannten, Verwandten und der Polizei in Verbindung setzen. Ich halte in diesem Zusammenhang die sofortige Hilfe für die Frau wichtiger als die Ermittlung des Täters.

- Erstatten Sie dann Anzeige bei dem zuständigen Kommissariat der Kriminalpolizei, die für die weitere Bearbeitung zuständig ist. Natürlich können Sie die Tat auch bei der Schutzpolizei anzeigen.
- Ist die Tat in der Wohnung geschehen und kam es womöglich zu einem Kampf, ist es für die spätere Beweisführung vor Gericht wichtig, daß Spuren gesichert werden. Sie sollten nach Möglichkeit also Ihre wohnliche Umgebung nicht verändern.
- Auch wenn Sie nicht daran denken, weil Sie nach der Tat körperlich und geistig total fertig sind, ist es nicht ratsam, dem verständlichen Bedürfnis der Körperreinigung nachzukommen, denn dadurch können ebenfalls Spuren beseitigt werden.
- Sie sollten, wenn möglich, nach dem ersten Kontakt mit oder Polizei zur ärztlichen Versorgung zu Ihrem Frauenarzt oder ins Krankenhaus gehen (gynäkologische und

allgemeinmedizinische Untersuchung). Hier wird Ihnen unter anderem auch die Arbeitsunfähigkeitsbescheinigung ausgestellt.

- Achten Sie auf eine ruhige Atmosphäre bei der Anzeigenaufnahme durch die Polizei.

- Sie können den Wunsch äußern, die Anzeige von einer Beamtin aufnehmen zu lassen. Besonders in der Vergangenheit fühlten sich Frauen gegenüber männlichen Polizeibeamten peinlichen Fragen, verbalen Demütigungen und Verletzungen ausgesetzt. Die Erstbefragung seitens der Polizei sollte sich auf den groben Sachverhalt, den Ort und den Zeitpunkt der Tat beschränken sowie auf Hinweise zu Täter(n), Zeugen und möglichen Tatspuren.

In den letzten Jahren wurden bei der Polizei Seminare und Schulungen mit dem Ziel durchgeführt, speziell geschulte und qualifizierte Sachbearbeiter und Beamte auszubilden, die mit dem nötigen Einfühlungsvermögen und der sachgemäßen Toleranz Sexualdelikte bearbeiten. Das gleiche gilt übrigens auch für die Justiz, bei der seit einiger Zeit, auch in Österreich und in der Schweiz, Sonderdezernate für die Bearbeitung der Delikte „sexuelle Gewalt gegen Frauen" eingerichtet wurden.

Der weitere Ablauf nach der Tat sieht so aus, daß der vereinbarte eigentliche Vernehmungstermin erst einen oder zwei Tage nach der Erstvernehmung stattfindet. Wichtig ist für Sie, daß Sie dann schon wieder psychisch stabiler geworden sind.

Diese Vernehmungen, die Sie sicher belasten werden und auch oft ein Angriffspunkt sind, müssen sicherlich sein und müssen auch ausführlich sein, weil sie die Grundlage für die Fragen bilden, die nachher im Gerichtsverfahren gestellt werden. Die Vorwürfe einiger Fraueninitiativen, die Vernehmungsbeamten würden sich an einzelnen Fragen festbeißen, die die Grenzen des Zumutbaren überschreiten, trifft nur auf bedauerliche Einzelfälle zu.

Bei der Polizei bekommen Sie auf Wunsch auch Adressen von Frauengruppen und anderen Hilfsorganisationen, wie etwa der „Weiße Ring", auf die ich später noch eingehen werde. Von diesen Gruppen und Organisationen erfahren Sie die Adressen erfahrener Rechtsanwälte (-innen).

Opferschutz

Eine wesentliche Hilfe stellt das Opferschutzgesetz dar, durch das der (oft als „zweite Vergewaltigung" empfundene) lange Weg von der Anzeige bis zur Gerichtsverhandlung beziehungsweise zur Verurteilung, soweit das möglich ist, erleichtert wird. Die wesentlichen Merkmale des Opferschutzgesetzes sind:

Sie können sich durch einen geeigneten Rechtsbeistand vertreten lassen, der schon bei der ersten Vernehmung zugegen sein kann und Sie so durch das gesamte Verfahren begleitet.

Bei den nachfolgend aufgeführten Straftaten hat Ihr Rechtsbeistand grundsätzlich das Recht auf Anwesenheit:

Straftaten gegen

– die sexuelle Selbstbestimmung (§§ 174, 174a, 174b, 176, 177, 178, 180 und 181 des Strafgesetzbuches),

- die persönliche Ehre (§§ 185, 186, 187, 187a und 189 des Strafgesetzbuches),
- das Leben und die körperliche Unversehrtheit (§§ 211, 212, 221, 223, 223a, 224, 225, 229, 230 und 340 des Strafgesetzbuches). (Im Falle der fahrlässigen Körperverletzung gemäß § 230 des Strafgesetzbuches allerdings nur unter besonderen Umständen, namentlich bei schweren Folgen der Tat),
- die persönliche Freiheit (§§ 234, 234a, 237, 239 Abs. 2, 239a und 239b des Strafgesetzbuches).

Dieses Recht auf Anwesenheit gilt auch dann, wenn der Richter einen anderen als Sie selbst vernimmt oder wenn die Öffentlichkeit in der Hauptverhandlung ausgeschlossen ist. Auskünfte und Abschriften aus den Akten können Ihrem Rechtsbeistand ebenfalls erteilt werden.

Grundsätzlich muß man sagen, daß oft schon die Anwesenheit des Rechtsbeistands genügt, um eine andere Verteidigungsstrategie der Gegenseite zu bewirken und so die Möglichkeit besteht, eine opferschonende Behandlung herbeizuführen.

Wichtig: Ich rate Ihnen, sich der öffentlichen Klage der Staatsanwaltschaft als Nebenklägerin anzuschließen – eine Möglichkeit, die es früher nicht gab, die aber sicher ein wichtiger Faktor des Opferschutzgesetzes ist. Damit wahren Sie auch Ihre Persönlichkeitsrechte.

Unter Umständen fühlen Sie sich psychologisch nicht stark genug, den Gang durch die Institutionen allein zu unternehmen. In der Regel ist ein Laie kaum in der Lage, die ihm eingeräumten Rechte aus dem Opferschutzgesetz qualifiziert wahrzunehmen.

Sollten Sie sich, was immer zu empfehlen ist, der Klage der Staatsanwaltschaft als Nebenklägerin anschließen, werden Ihnen noch weitere prozessuale Rechte eingeräumt.

Die Kosten trägt im Normalfall der- oder diejenige, die den Rechtsbeistand beauftragt. Auf Antrag kann Ihnen aber unter bestimmten Voraussetzungen Prozeßkostenhilfe gewährt werden. Wenn Sie Opfer einer Straftat gegen die sexuelle Selbstbestimmung geworden sind, besteht für Sie die Möglichkeit, vor der Bewilligung der Prozeßkostenhilfe einen Antrag zu stellen, damit Ihnen einstweilen unentgeltlich ein Rechtsanwalt als Beistand bestellt wird. Im Regelfall werden Sie jedoch keine Kosten zu tragen haben, wenn der Beschuldigte wegen einer gegen Sie gerichteten Straftat verurteilt wird.

Wie schon zuvor erwähnt, ist in der Bundesrepublik Deutschland der „Weiße Ring" ein Gesprächspartner und eine Hilfe für Kriminalitätsopfer. Die Hilfe des Vereins ist weder an eine Mitgliedschaft noch an sonstige Verpflichtungen gebunden: Finanzielle Zuwendungen des „Weißen Rings" wie etwa Beratungsschecks müssen nicht zurückgezahlt werden. Der „Weiße Ring" wird Sie auch über die Regelungen des Opferentschädigungsgesetzes informieren, da psychische Schäden nach einer Gewalttat inzwischen stärker als bisher bei der Feststellung eines Rentenanspruchs berücksichtigt werden.

Der schwierigste Teil nach einer Strafanzeige wegen Vergewaltigung findet für die Frauen im Gerichtssaal statt. Ein Hauptproblem ist, daß zwischen Tat und Prozeß lange Zeit, oft bis zu einem Jahr, vergangen ist. Die Erfahrung hat gezeigt, daß die Aussagebereitschaft der Frauen zu diesem Zeitpunkt schon gering ist. Zum einen, weil sie ja schon alles gesagt haben, zum anderen, weil ihnen zu diesem Zeitpunkt bewußt ist, welche Folgen die Tat für ihr Leben gehabt hat.

Ein weiterer sehr problematischer Punkt ist die Tatsache, daß die Frau in der Regel während des Gerichtsverfahrens dem Täter gegenübergestellt wird, ja, daß dieser sogar während ihrer Vernehmung im Gerichtssaal anwesend ist.

Auch die Tatsache, daß die Frau ihre Aussage vor unbekannten Prozeßbeteiligten machen muß, ist enorm belastend, zumal diese meistens Männer sind und die Fragen nach den intimen Details des Vorfalls bei einem nichtgeständigen Täter unerläßlich sind.

Dieser gesamte Prozeßablauf ist für das Opfer extrem problematisch und belastend, auch wenn es sich mit einem Rechtsbeistand gut darauf vorbereitet hat, was im übrigen unerläßlich ist.

Diejenigen Menschen, mit denen eine Frau nach einer Gewalttat konfrontiert ist, sind sich der Probleme des Opfers zu einem großen Teil bewußt. Wird das Geschehen vor Gericht verhandelt, fallen seit einiger Zeit die Strafen relativ hoch aus. Oberflächlich betrachtet, scheint sich alles zum Besseren zu wandeln. Man kann erfreulicherweise feststellen, daß von seiten der Justiz Sexualdelikte ernster genommen werden. Doch wenn ins Detail gegangen wird, bleibt das Bild zum Teil deprimierend. Denn in vielen Fällen kommt es erst gar nicht zur Anklageerhebung, und/oder das Verfahren wird eingestellt.

Therapie

Der Erfahrungsaustausch mit anderen betroffenen Frauen in Frauengruppen oder in einer Therapiegruppe ist sicher eine Möglichkeit zu lernen, mit dem Erlebten besser umzugehen und neue Orientierungshilfen zu erhalten.

Eine generelle Empfehlung, die auf alle oder doch auf die Mehrzahl der betroffenen Frauen zutreffen würde, gibt es jedoch nicht. Die Frage, inwieweit eine Therapie für eine Frau sinnvoll sein kann, kann letztlich nur jede Frau für sich selbst entscheiden.

Sich durchzuringen und zu einer Therapeutin zu gehen, ist für manche Frauen kein leichter Entschluß, da es auch heute noch für viele den Anschein hat, man begebe sich damit in „fremde Hände". Das Erleben der Tat als persönliche Demütigung veranlaßt viele Frauen, das Geschehen für sich zu behalten und zu versuchen, alleine mit den Folgen zurechtzukommen. Dies ist oft genug ein hoffnungsloses Unterfangen, denn sie leiden nicht nur unter Selbstzweifeln, sondern müssen alles daransetzen, daß niemand oder nur wenige Menschen von ihrer seelischen Verletzung erfahren.

Wie weit eine Therapie gehen kann, hängt zum einen davon ab, welche Erwartungen an sie herangetragen werden, und zum anderen von dem persönlichen Hintergrund, den eine Frau mitbringt.

Ich will noch einmal auf die körperliche Mißhandlung in der Ehe eingehen, die, wenn sie öfter vorkommt, schnellstens durch das entschlossene Handeln der mißhandelten Frau ein Ende finden muß. In so einem Fall entscheiden sich viele Frauen (oft mit ihrem Kind) kurz- oder langfristig in ein Frauenhaus zu ziehen. Das ist außer dem Wohnen bei Bekannten oder Verwandten die schnellste, unbürokratische Hilfe, zu einer Wohnmöglichkeit zu kommen. Eine andere Institution ist dazu nicht in der Lage.

Im Frauenhaus erhalten Frauen weitere Informationen und Unterstützung, denn viele wollen sich verständlicherweise scheiden lassen beziehungsweise beim zuständigen Gericht ein Wohnungsverbot für ihren Ehemann oder Partner erwirken. Die Beratung im Frauenhaus wird neben allen fachlichen Fragen auch immer ein persönliches Gespräch sein, in dem viele Frauen zum erstenmal ihre Erlebnisse mitteilen, die sie bisher aus Angst oder Scham verschwiegen hatten. Gerade Frauen, die jahrelang gedemütigt und bevormundet wurden, müssen die Möglichkeit haben, über ihre Konflikte und Probleme unter gleichberechtigten und entspannten Bedingungen frei und offen reden zu können. Dies ist erfahrungsgemäß gegenüber Männern nicht der Fall! Ein Frauenhaus sollte jedoch keine Lebensperspektive, sondern nur einen zeitlich begrenzten Aufenthalt bieten.

Trotz einiger Differenzen im Detail haben alle Frauenhäuser in etwa folgende grundlegende Prinzipien:

Offenheit, Selbstorganisation, demokratische Strukturen, Beratung und praktische Hilfe, Übergangscharakter, Frauen helfen Frauen.

Die Adressen der Frauenhäuser stehen in der Regel im örtlichen Telefonbuch unter dem Buchstaben „F“.

In diesem Zusammenhang möchte ich noch den „Telefondienst für mißhandelte und vergewaltigte Frauen“ erwähnen, dessen Rufnummer meistens im Ortsteil der Tageszeitung zu finden ist.

Die juristische Selbstverteidigung

Der Kampf der Frauen um körperliche Integrität hat mit Sicherheit in der Rechtsprechung seinen Niederschlag gefunden. Auch die Strafen werden aufgrund des öffentlichen Drucks härter. Das schließt aber nicht aus, daß sicher noch Probleme im folgenden Beziehungsdreieck bestehen:

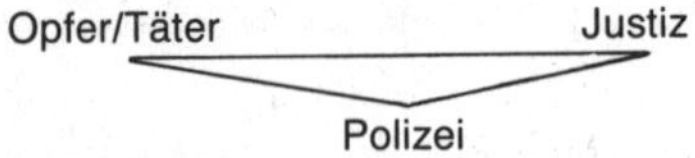

Was ist das für eine Gesellschaft, in der man Mädchen und Frauen möglichst früh empfiehlt, sich mit eigens antrainierter Gewalt zu wehren, um nicht widerstandsunfähiges und dazu noch beschuldigtes Opfer zu werden? Sind aber nur Frauen betroffen? Sie sind ohne Frage die ersten und hauptsächlichsten Opfer – Opfer in sehr verschiedenen Zuständen und Graden der Intensität der Ausgeliefertheit, in den Formen der Beleidigung und der Entwürdigung.

Immer noch schlagen Männer Frauen, immer noch meinen viele Männer, sie besäßen den alten patriarchalischen Herrschaftsanspruch über „das schwache Geschlecht“.

Dieser Anspruch prägte lange unser Recht und erst seit einiger Zeit verflüchtigt sich dieser Eindruck, seitdem der Gesetzgeber das sexuelle Selbstbestimmungsrecht der Frau zum wesentlichen Schutzgut der Strafvorschriften für Vergewaltigung und sexuelle Nötigung erklärte. Hiermit hat eine Entwicklung begonnen, die durch konsequente Umsetzung dieses Schutzes fortzuführen ist.

Im Rahmen der Ausführungen zu den Möglichkeiten einer angegriffenen Frau ist sicherlich immer richtig, daß sich die Angegriffene, gleich aus welchem Grund der Angriff erfolgt ist, zur Verteidigung bereithält und sich auch notfalls verteidigt. So wünschenswert der Schutz der Frau ist – vor allen Dingen in der psychisch sehr weitreichenden Beeinträchtigung durch eine Körperverletzung oder eine Vergewaltigung –, darf jedoch zum Schutze der belästigten Frau nicht vergessen werden, daß sie wegen Mangels an Beweisen oder aus anderen Gründen rechtlich nur selten ein positives Echo erhält. Auch wenn sie sich verteidigt, kann sie bereits durch die ausgelöste Emotion sich selbst über den Rahmen hinausbewegen, der ihr durch das Gesetz gestattet ist.

Paragraphen, die Sie schützen – Erläuterungen

Ich möchte Sie mit dem Aufzeigen einiger wichtiger Bestimmungen aus dem Strafrecht über geltendes Recht informieren. Die Erläuterungen dazu sind nicht bindend, gleichwohl aber herrschende Lehrmeinung.

Anmerkung

Diese Straftatbestimmungen unterscheiden sich von denen in Österreich oder der Schweiz nur im Detail. Vom Grundkonsens her betrachtet, sind sie gleich, indem etwa eine Vergewaltigung das Tatbestandsmerkmal „außerehelich" haben muß, um als solche anerkannt zu werden.

§ 32 StGB Notwehr

1) *Wer eine Tat begeht, die durch Notwehr geboten ist, handelt nicht rechtswidrig.*

2) *Notwehr ist die Verteidigung, die erforderlich ist, um einen gegenwärtigen rechtswidrigen Angriff von sich oder einem anderen abzuwenden.*

Erläuterung

Gegen einen bereits abgeschlossenen Angriff ist keine Notwehr möglich. Beispiel: Der Angreifer liegt völlig kampfunfähig am Boden und wird dann noch zusätzlich verletzt. Notwehr ist aber dann noch möglich, wenn weitere Angriffe unmittelbar zu erwarten sind.

Eine Notwehrhandlung besteht in der (erforderlichen) Verteidigung, die im konkreten Fall *objektiv* nötig ist, um den Angriff endgültig zu brechen, und die dabei den geringsten Schaden anrichtet. Auch ein Gegenangriff (sogenannte Trutzwehr) kann neben der Schutzwehr die erforderliche Verteidigungshandlung sein.

Gegenüber Personen mit engen persönlichen Bindungen, etwa dem *Ehegatten* oder einem nahen Verwandten, kann es geboten sein, auf eine Abwehr oder zumindest lebensgefährdende Abwehrmittel zu verzichten (BGH NJW 72, 62). Stehen mehrere Mittel zur Verfügung, muß der Angegriffene das schwächste Mittel auswählen, das am wenigsten gefährlich ist. Hierbei sind natürlich gewisse Varianten möglich, denn der Angegriffene hat meistens nicht genug Zeit, um eine entsprechende Abwägung noch sorgfältig vornehmen zu können. Wenn jedoch noch Zeit verblieben ist, um die Mittel abzuwägen, dann soll das Abwehrmittel gewählt werden, welches den sichersten Erfolg verspricht. Im wesentlichen kommt es darauf an, die Verhältnismäßigkeit zwischen Angriff und Abwehr festzustellen und dann die entsprechend geeignete Maßnahme zu treffen. Sofern eine Vergewaltigung Gegenstand des Angriffs ist und vielleicht schon begonnen hat, dürfen die zur Verteidigung zu wählenden Mittel selbstverständlich von hoher Qualität und schärferer Art sein, da auch die Integrität des Leibes ein hohes Rechtsgut ist.

§ 33 StGB Überschreitung der Notwehr

Überschreitet der Täter die Grenzen der Notwehr aus Verwirrung, Furcht oder Schrecken, so wird er nicht bestraft.

Erläuterung

Grundsätzlich ist die Überschreitung der Notwehr *strafbar*, weil der Täter über die objektiv erforderliche Verteidigung und damit über die Grenze des § 32 StGB hinausgeht.

Bei den entsprechenden Prozessen betreffs Vergewaltigung gehen die Richter meistens davon aus, daß sich eine in eine derartige Situation geratene Frau stets in Verwirrung, Furcht oder Schrecken befindet, wenn die äußeren Umstände und das Tatgeschehen dafür sprechen.

§ 223 StGB Körperverletzung

1) *Wer einen anderen körperlich mißhandelt oder an der Gesundheit beschädigt, wird mit Freiheitsstrafe bis zu drei Jahren oder mit Geldstrafe bestraft.*

2) *Ist die Handlung gegen Verwandte aufsteigender Linie begangen, so ist auf Freiheitsstrafe bis zu fünf Jahren oder auf Geldstrafe zu erkennen.*

Erläuterung

Körperliche Mißhandlung ist eine üble, unangemessene Behandlung, durch die das körperliche Wohlbefinden oder die körperliche Unversehrtheit nicht nur unerheblich beeinträchtigt wird.

Körperliches Wohlbefinden ist der körperliche Zustand vor der Einwirkung. Das Zufügen eines Schmerzes durch Mißhandlung ist für diesen Tatbestand nicht unbedingt gefordert, ausreichend ist zum Beispiel auch die Erregung von Ekel, etwa durch Anspeien. Eine ganz unerhebliche Einwirkung reicht aber nicht zur Verurteilung wegen Körperverletzung aus. Die Beeinträchtigung der körperlichen Unversehrtheit muß ,,nicht ganz unerheblich" sein. Ein paar blaue Flecken durch festes Zufassen sollen danach nicht ausreichend sein, ebenfalls nicht oberflächliche Kratzer oder ganz leichte Brandverletzungen. Eine Gesundheitsbeschädigung ist das Hervorrufen oder Steigern eines, wenn auch vorübergehenden, krankhaften Zustandes.

Körperverletzung wird grundsätzlich nur auf Antrag verfolgt. Sie ist Privatklagedelikt.

§ 223a StGB Gefährliche Körperverletzung

1) *Ist die Körperverletzung mittels einer Waffe, insbesondere eines Messers oder eines anderen gefährlichen Werkzeugs oder mittels eines hinterlistigen Überfalls oder von mehreren gemeinschaftlich oder mittels einer das Leben gefährdenden Behandlung begangen, so ist die Strafe Freiheitsstrafe bis zu fünf Jahren oder Geldstrafe.*

2) *Der Versuch ist strafbar.*

§ 223b StGB Mißhandlung von Schutzbefohlenen

1) *Wer Personen unter achtzehn Jahren oder wegen Gebrechlichkeit oder Krankheit Wehrlose, die seiner Fürsorge oder Obhut unterstehen oder seinem Hausstand angehören oder die von dem Fürsorgepflichtigen seiner Gewalt überlassen worden oder durch ein Dienst- oder Arbeitsverhältnis von ihm abhängig sind, quält oder roh*

mißhandelt, oder wer durch böswillige Vernachlässigung seiner Pflicht, für sie zu sorgen, sie an der Gesundheit schädigt, wird mit Freiheitsstrafe von drei Monaten bis zu fünf Jahren bestraft.

2) *In besonders schweren Fällen ist die Strafe Freiheitsstrafe von einem Jahr bis zu fünf Jahren, in minder schweren Fällen Freiheitsstrafe bis zu drei Jahren oder Geldstrafe.*

§ 232 StGB Strafantrag

1) *Die vorsätzliche Körperverletzung nach § 223 und die fahrlässige Körperverletzung nach § 230 StGB werden nur auf Antrag verfolgt, es sei denn, daß die Strafverfolgungsbehörde wegen des besonderen öffentlichen Interesses an der Strafverfolgung ein Einschreiten von Amts wegen für geboten hält.*

Erläuterung

Dies trifft im Selbstverteidigungsfall insoweit zu, als sich etwa die angegriffene Frau eines Messers oder eines gefährlichen Werkzeuges bedient (Schlagstock, Schlagring, jeder Gegenstand, der geeignet ist, erhebliche Körperverletzungen zuzufügen, zum Beispiel auch eine abgebrochene Flasche oder ein schwerer Stiefel am Fuß).

Auch ein an sich ungefährlicher Gegenstand kann durch die Art seiner Anwendung zu einem gefährlichen Werkzeug werden (Stoß ins Auge mit einem Kugelschreiber,

Schläge auf den Kopf mit der Absatzspitze eines Damenschuhs). Soweit ein Tier zur Tatausführung benutzt wird, ist es rechtlich gesehen lediglich ein „Werkzeug“.

Konkret heißt das: Die Frau, die sich in Notwehr befindet, muß bei Vorhandensein eines Werkzeugs, etwa eines Messers, höchstmögliche Vorsicht anwenden.

Es ergibt sich also für die sich verteidigende Frau die rechtliche Konsequenz, daß sie weitere Angriffshandlungen unterlassen sollte, nachdem der Angriff abgewehrt wurde. Für alles, was qualitativ nicht dazu dient, den Angriff zu stoppen und für sich selbst Sicherheit herbeizuführen, könnte sie später vor Gericht belangt werden.

Straftaten gegen die sexuelle Selbstbestimmung

§ 174 StGB Sexueller Mißbrauch von Schutzbefohlenen und *§ 176 StBG Sexueller Mißbrauch von Kindern*

Auf diese beiden Bestimmungen soll hier nicht näher eingegangen werden. Es genügt zu erwähnen, daß der Versuch jeweils strafbar ist.

§ 177 StGB Vergewaltigung

1) *Wer eine Frau mit Gewalt oder durch Drohung mit gegenwärtiger Gefahr für Leib oder Leben zum außerehelichen Beischlaf mit ihm oder mit einem Dritten nötigt, wird mit Freiheitsstrafe nicht unter zwei Jahren bestraft.*

2) *In minder schweren Fällen ist die Strafe Freiheitsstrafe von sechs Monaten bis zu fünf Jahren.*

3) *Verursacht der Täter durch die Tat leichtfertig den Tod des Opfers, so ist die Strafe Freiheitsstrafe nicht unter fünf Jahren.*

Erläuterung

Gewalt ist die Entfaltung körperlicher Kraft zur Überwindung eines tatsächlichen oder bestimmt zu erwartenden Widerstandes. Unter diesem Begriff werden sowohl die körperliche Überwältigung des sich wehrenden Opfers als auch die vorausgehende körperliche Mißhandlung erfaßt. Gewalt ist auch die Anwendung betäubender Mittel ohne Einwilligung der Frau.

Neben der Gewaltanwendung beziehungsweise der Drohung mit gegenwärtiger Gefahr für Leib und Leben muß es zum vollendeten außerehelichen Beischlaf kommen. Hierzu genügt das Eindringen des männlichen Gliedes in den Scheidenvorhof. Ein Samenerguß ist nicht erforderlich. Unter diesen Paragraphen wird nur der Beischlaf erfaßt, andere Handlungen nicht, auch nicht, wenn sie beischlafähnlich sind, wie etwa der Analverkehr.

Tritt der Täter vor Beginn des Beischlafs zurück, so kann vor Gericht § 178 StGB (sexuelle Nötigung) in Frage kommen.

Der Versuch einer Vergewaltigung beginnt mit der Gewalthandlung gegen die Frau.

Der § 177 StGB erfaßt nicht die Fälle der Vergewaltigung der Ehefrau durch ihren Mann, da dieser Paragraph den außerehelichen Beischlaf fordert. Ein solcher Fall würde gemäß § 240 StGB (Nötigung) zu bestrafen sein. Über diesen Punkt wird in Fachkreisen immer wieder erneut diskutiert.

Die Meinung, es bestehe kein Bedürfnis für das Eindringen des Strafrechts in eheliche Beziehungen, ist sicherlich zweifelhaft und mutet angesichts der Betroffenheit unzähliger Ehefrauen durch sexuelle Nötigung und Mißhandlungen, die Ehemänner ihnen zugefügt haben, zynisch an.

Hier ist der Gesetzgeber aufgerufen, die betreffenden Normen an die gesellschaftliche Wirklichkeit anzupassen und den Schutz des sexuellen Selbstbestimmungsrechts jeder Frau gegenüber jedem Mann gesetzlich zu verankern. Mit dem Unter-Strafe-Stellen der ehelichen Vergewaltigung und der sexuellen Nötigung würde endlich eine für die Ehefrau entwürdigende Gesetzeslage beseitigt.

Dem deklarierten Schutzgut „Sexuelles Selbstbestimmungsrecht" wird auch die Rechtsauslegung nicht gerecht, die die Rechtsprechung auf alle Fälle anwendet, in denen Täter und Opfer vor der Tat in geschlechtlicher Beziehung standen, in denen sie miteinander bekannt waren oder das Opfer sich „provokativ", „unehrenhaft" oder in anderer Weise nonkonform verhalten hat.

§ 178 StGB Sexuelle Nötigung

1) *Wer einen anderen mit Gewalt oder durch Drohung mit gegenwärtiger Gefahr für Leib oder Leben nötigt, außereheliche sexuelle Handlungen des Täters oder eines Dritten an sich zu dulden oder an dem Täter oder einem Dritten vorzunehmen, wird mit Freiheitsstrafe von einem Jahr bis zu zehn Jahren bestraft.*

2) *In minder schweren Fällen ist die Strafe Freiheitsstrafe von drei Monaten bis zu fünf Jahren.*

3) *Verursacht der Täter durch die Tat leichtfertig den Tod des Opfers, so ist die Strafe Freiheitsstrafe nicht unter fünf Jahren.*

Erläuterung

Im Gegensatz zu § 177b StGB schützt dieser Paragraph auch die freie sexuelle Selbstbestimmung des Mannes. Grundsätzlich kann der Ehegatte des Opfers kein Täter sein, da § 178 *außereheliche* Handlungen des Täters fordert.

Eine ,,Drohung mit gegenwärtiger Gefahr für Leib und Leben" ist die Ankündigung einer unmittelbar bevorstehenden und nicht erst für die Zukunft angedrohten, nicht nur einfachen Körperverletzung. Die Drohung braucht nicht ernst gemeint zu sein, ausreichend ist, daß die Frau sie ernst genommen hat und der Täter damit gerechnet hat, daß sein Opfer sie ernst nehmen wird.

Auch diese Strafrechtsbestimmung wird meines Erachtens den heutigen Gesellschaftsnormen nicht gerecht und müßte modifiziert werden. Im Interesse der Wahrung der Würde und Integrität aller Frauen (und Männer) darf es nicht nur beim derzeitigen Versuch bleiben, etwas zu ändern.

§ 180 StGB Förderung sexueller Handlungen Minderjähriger

1) *Wer sexuellen Handlungen einer Person unter sechzehn Jahren an oder vor einem Dritten oder sexuellen Handlungen eines Dritten an einer Person unter sechzehn Jahren erstens durch seine Vermittlung oder zweitens durch Gewähren oder Verschaffen von Gelegenheit Vorschub leistet, wird mit Freiheitsstrafe bis zu drei Jahren oder mit Geldstrafe bestraft.*

§ 183 StGB Exhibitionistische Handlungen

1) *Ein Mann, der eine andere Person durch eine exhibitionistische Handlung belästigt, wird mit Freiheitsstrafe bis zu einem Jahr oder mit Geldstrafe bestraft.*

2) *Die Tat wird nur auf Antrag verfolgt, es sei denn, daß die Strafverfolgungsbehörde wegen des besonderen öffentlichen Interesses an der Strafverfolgung ein Einschreiten von Amts wegen für geboten hält.*

Erläuterung

Eine Belästigung ist gegeben, wenn bei dem anderen Unlustgefühle hervorgerufen werden. Dazu gehören Abscheu, Ekel, Schock und ähnliches. Ausreichend ist auch bereits, daß das Opfer erschrickt, sich in seinem Schamgefühl verletzt fühlt oder empfindet, daß ihm zu nahe getreten wurde.

Auf die Öffentlichkeit der Handlung kommt es nicht an.

§ 183a StGB Erregung öffentlichen Ärgernisses

Wer öffentlich sexuelle Handlungen vornimmt und dadurch absichtlich oder wissentlich ein Ärgernis erregt, wird mit Freiheitsstrafe bis zu einem Jahr oder mit Geldstrafe bestraft, wenn die Tat nicht in § 183 StGB mit Strafe bedroht ist.

Erläuterung

Ein Ärgernis muß erregt worden sein. Dieses bedingt, daß ein anderer den sexuellen Vorgang wahrgenommen hat. Hierunter ist die Verletzung des Scham- und Anstandsgefühls eines normal empfindlichen Menschen zu verstehen. Erforderlich ist die unmittelbare Konfrontation mit der sexuellen Handlung.

Wo finden Sie Hilfe?

Die nachstehend genannten Institutionen, Ämter, Behörden und Gruppen können Ihnen Rat und Hilfe geben.

Es ist bewußt darauf verzichtet worden, alle Frauenhäuser und Notrufe anzugeben, da dies nicht immer von den Verantwortlichen gewünscht wird und sich Adressen und Telefonnummern oft ändern. Die aktuellen Adressen und Telefonnummern finden Sie in Ihrem Telefonbuch.

Frauennotruf

Frauenhaus

Polizei

Weißer Ring

Opferhilfe

Pro Familia

Ärztlicher Notdienst

Neurologe

Hausarzt

Telefonseelsorge

Sexualberatungsstellen

Psycho- und Sozialtherapeutische Beratungsstellen

Sorgentelefon für Kinder und Jugendliche

Versorgungsamt

Sozialamt

Jugendamt

Gericht

Staatsanwaltschaft

Rechtsanwalt (Nebenklage)

Schlußbemerkung

Die Rollen Junge/Mädchen und Mann/Frau werden von der Gesellschaft verteilt. „Herrschaftsverhältnisse“ sind individuell nur schwer aufzubrechen und dies geht auch nur, wenn die Dialogfähigkeit zwischen Frauen und Männern verbessert wird.

In diesem Buch habe ich versucht, Ansätze aufzuzeigen, wie Gewaltbereitschaft zustande kommt und wie man sich als Frau dagegen wehrt.

Unsere Gesellschaft, so glaube ich, ist eine Stufe weitergekommen in der offenen Diskussion mit gewalttätigen Männern um Macht, Kontrolle und Sexismus.

Frauen *können* und *müssen* Männer mit ihren Forderungen direkt konfrontieren, Männer *müssen* und *können* lernen, Frauen ernst zu nehmen, sie als gleichwertige Partner zu akzeptieren und sie entsprechend zu behandeln. Daß auf diesem Weg Hindernisse bestehen, ist sicher nicht zu leugnen, aber positive Ansätze sind vorhanden, die Würde und Integrität der Frau auch in der Praxis zu bewahren.

Die alte „Männer-Kultur“ blüht heute meist nur noch, wenn Männer unter sich sind. In Gruppen und Cliquen vom Militär bis zum Sportverein, am Stammtisch, bei der Peep-Show und im Pornokino. In diese „Kultur“ eingebettet sind sicher auch die vielen einzelnen Gewalttaten verschiedener Männer als Einzeltäter, als „Gewaltindividuen“. Hier sind Gegenwehr, Aufbegehren und Widerspruch gefordert!

Unsere Gesellschaft war lange ein Patriarchat, obwohl der Mann nicht immer im Besitz der Herrschaft war. Es ist eine historische Tatsache, daß bestimmte matriarchalische Gemeinschaften in Griechenland, Kreta und Ägypten der Frau Rechte gaben, die sie dem Mann nicht zugestanden.

Vier Rechte wurden in der Gesellschaft dem jeweils herrschenden Geschlecht ausschließlich zuerkannt: die politische, wirtschaftliche, soziale und sexuelle Vorherrschaft.

Dank der gesellschaftlichen Ethik und der Emanzipationsbewegung bewegen wir uns heute auf eine Normalität der Gleichwertigkeit auf diesen vier Gebieten zu. Aber die Gespräche, Auseinandersetzungen und Kämpfe sind noch nicht zu Ende und viele gravierende Probleme noch nicht gelöst. Wenn Männer ihre bisherige Rolle in Frage stellen und mehr versuchen, ihre eigenen Probleme und die des anderen Geschlechts nicht „handfest", sondern intellektuell zu bewältigen, werden letztendlich beide Geschlechter davon profitieren.

Literatur

Friedrich Hacker: Aggression, Ullstein Verlag, Berlin 1988
Eugene Liwitt: Die Psychologie der Angst, W. Kohlhammer Verlag, Stuttgart/Berlin/Köln 1979
Arbeitskreis „Sexuelle Gewalt" beim Komitee für Grundrechte und Demokratie e.V. (Hrsg.): Sexuelle Gewalt gegen Frauen, Seusbachtal 1985
Arbeitskreis „Sexuelle Gewalt" beim Komitee für Grundrechte und Demokratie e.V. (Hrsg.): Gewaltverhältnisse, Seusbachtal 1987
Fred Krause: Sport und Erwachsenenbildung – Deutscher Volkshochschulverband, Frankfurt/Main, 1982
Frederic Vester: Phänomen Streß, dtv, München 1984
Sibylle Plogstedt, Kathleen Bode: Übergriffe, Rowohlt, Hamburg 1984
Marilyn French: Jenseits der Macht, Rowohlt, Hamburg 1985
Lotteme Doormann: Keiner schiebt uns weg, Beltz-Verlag, Weinheim/Basel 1979
Herline Maindok: Frauenalltag in Männerberufen, S. Fischer Verlag, Frankfurt/Main, 1987